『十四五』国家重点出版物出版规划项目

毛泽东

诗词中的战略思想

张文木 著

人民东方出版传媒
People's Oriental Publishing & Media
东方出版社
The Oriental Press

图书在版编目（CIP）数据

毛泽东诗词中的战略思想 / 张文木 著 . — 北京：东方出版社，2024.1
ISBN 978-7-5207-3773-9

Ⅰ.①毛… Ⅱ.①张… Ⅲ.①毛主席诗词—研究②毛泽东思想—战略思想—研究
Ⅳ.① A84

中国国家版本馆 CIP 数据核字（2023）第 226293 号

毛泽东诗词中的战略思想
（MAOZEDONG SHICI ZHONG DE ZHANLÜE SIXIANG）

作　　者：张文木
责任编辑：李　斌　王学彦　申　浩
出　　版：东方出版社
发　　行：人民东方出版传媒有限公司
地　　址：北京市东城区朝阳门内大街 166 号
邮　　编：100010
印　　刷：北京联兴盛业印刷股份有限公司
版　　次：2024 年 1 月第 1 版
印　　次：2024 年 1 月第 1 次印刷
开　　本：660 毫米 ×960 毫米　1/16
印　　张：15.5
字　　数：200 千字
书　　号：ISBN 978-7-5207-3773-9
定　　价：69.00 元
发行电话：（010）85924663　85924644　85924641

版权所有，违者必究
如有印装质量问题，我社负责调换，请拨打电话：（010）85924602　85924603

绪论

1945 年，毛泽东在重庆谈判期间曾应诗人徐迟之请，亲笔题词："诗言志"[①]。1958 年 3 月，毛泽东在成都主持召开中央会议期间，参观杜甫草堂，评价杜甫的诗是"政治诗"[②]。我曾在杜甫草堂的简介中看到毛泽东的这一评价，这对我理解毛泽东诗词启发很大。毛泽东说杜诗是政治诗时，难道毛泽东自己的诗就不是政治诗吗？不从政治的角度看，我们肯定不能准确地把握毛泽东诗词的精髓。

1973 年 7 月 17 日，毛泽东会见美籍华人物理学家杨振宁。杨振宁说："我读了主席的《长征》诗，'红军不怕远征难，万水千山只等闲'，特别是'金沙水拍云崖暖，大渡桥横铁索寒'，我很想去看看。"毛泽东说："那是长征快完时写的。讲了一个片面，讲不困难的一面，其实里边有很多斗争，跟蒋委员长斗争、跟内部斗争。有些注释不大对头。如《诗经》，两千多年以前的诗，后来做注释，时代已经变了，意义已不一样。我看，过百把年以后，对我们这些都不懂了。"[③]毛泽

---

① 1945 年 8 月，"徐迟在重庆亲聆毛泽东谈文艺问题，并获得毛泽东同志的亲笔题词：'诗言志'。"湖州市文化局编：《湖州市革命文化史料汇编 1919—1949》，团结出版社 1993 年版，第 40 页。

② 中共中央文献研究室编：《毛泽东年谱（1949—1976）》第 3 卷，中央文献出版社 2013 年版，第 308 页。

③ 中共中央文献研究室编：《毛泽东年谱（1949—1976）》第 6 卷，中央文献出版社 2013 年版，第 488 页。

东显然对一些诗词专家对他写的《长征》一诗的解释不甚同意,就借《诗经》表达自己对"过百把年以后"人们对他诗词的解释也会遇到与《诗经》同样被误解的命运。毛泽东纠正了人们对杜诗的附会和误读,我们后人也应当从政治的高度,不能单纯从文学的角度来端正自己对毛泽东诗词的误读。毛泽东首先是伟大的政治家,他的诗词文学性是服从政治性的。因此从政治的角度来把握毛泽东诗词,可能最接近毛泽东对自己诗词的理解;只有这样理解毛泽东诗词,才可能在"百把年以后"避免出现后人"对我们这些都不懂了"的结果。

战略是政治的核心内容。由此,我想到了毛泽东诗词中的战略思想。毛泽东的诗词也可以有战略视角的解读,而不限于修辞、文学艺术角度的解读。阅读毛泽东的诗词,我们会发现其中有许多是讲战略的。如果没有政治和战略高度,我们就不能很好地理解毛泽东诗词。

谈毛泽东和他的诗词,我们就不能回避历史唯物主义。世界观是认识毛泽东所有作品最重要的切入点,毛泽东的世界观与中国共产党的成长是分不开的。我记得自己小时候的语文课本中有一段对话:在听到有西方人说毛泽东是一个诗人时,我们的同志回答:不,他是一名伟大的马克思列宁主义者,中国人民的伟大领袖。这样的认识才是对的,不能把毛泽东仅仅当作诗人,甚至仅当作一般的战略家,毛泽东首先是带领中华民族实现解放的伟大领袖。

我们讲毛泽东的战略思想,不能仅从所谓"谋略"层面讲,战术不能决定历史。战略首先是讲大势的学问,大方向错了,人的优点往往就成了缺点。毛泽东说:"学问再多,方向不对,等于无用。"①

---

① 中共中央文献研究室编:《毛泽东年谱(1949—1976)》第3卷,中央文献出版社2013年版,第345页。

我们讲毛泽东诗词，首先是讲政治，讲方向，讲战略。博弈中最终能赢得胜利的是事业的方正，而非一二奇招。奇招有效，但不可多用，初用可能盘活全局，然若无方正托底，复用多为死棋。1975年毛泽东借用鲁迅的话说："捣鬼有术，也有效，然而有限，所以以此成大事者，古来无有。"[①]蒋介石一辈子把政治搞成捣鬼，结果把自己捣到台湾岛上去了。

战略首先是审势的学问，既讲"形"更讲"势"。没有"势"，这个"形"就没有意义。中国人常讲"势力"和"势利"，势有了，就什么都有。毛泽东说："思想上政治上的路线正确与否是决定一切的。党的路线正确就有一切，没有人可以有人，没有枪可以有枪，没有政权可以有政权。路线不正确，有他可以丢掉。路线是个纲，纲举目张。"[②]今天也一样，只要路线正确，没有钱可以有钱，没有人可以有人，人们会因进步的事业凝聚到一起。正确的路线就是符合历史进步大势的路线。

中国人常说"事情"，人年纪大了，对很多小词就悟出味道了。事在先，情在后，事成情至，没事哪来的情。所以王阳明说"人须在事上磨"[③]，没说人须在情上泡。现在年轻同志不理解，总把酒桌

---

① 盛巽昌、欧薇薇、盛仰红：《毛泽东这样学习历史，这样评点历史》，人民出版社2005年版，第306页。

② 《在外地巡视期间同沿途各地负责人谈话纪要》（1971年8—9月），《建国以来毛泽东文稿》第13册，中央文献出版社1998年版，第242页。

③ "问：'静时亦觉意思好，才遇事便不同，如何？'先生曰：'是徒知静养而不用克己工夫也。如此临事，便要倾倒。人须在事上磨，方能立得住；方能静亦定、动亦定。'"〔明〕王守仁撰，吴光、钱明、董平、姚延福编校：《王阳明全集·传习录上》，上海古籍出版社1995年版，第12页。这几句话的大意是：王阳明的学生陆澄心有疑惑问先生：我无事之时，自觉修为得不错，但一遇事就把持不住了，这该怎么办？王阳明答曰：这是因为你只知静养，而不知克己自制，如此临事，便方寸自乱。所以人只有在做事上磨炼自己的修行，如此人才能立得住，临事有静气。

上的事当个事，两杯酒下肚，就要做朋友，其实，你没有事业就没有朋友。事情，事是情的纽带，你只要事做了，情到不到都不要紧，人是跟着事走的，不是跟着情走的。事业越大你的朋友圈越大；你的事业越久远，跟随你的人就越久远。像毛泽东这样的人，许多代人都会跟着他，在中国历史上他是不可或缺的，因为实践证明毛泽东思想是正确地解决近现代中国问题的钥匙，也正因此毛泽东思想就成为中国人民前进的旗帜。

学会把握和顺应历史前进的大势，这是我们学习毛泽东诗词的重要视角。大势、方向决定一切。回想许多年前，中国有些"公知"①对毛泽东的事业总持所谓"批判"立场，但几十年过去了，结果如何？结果是"沉舟侧畔千帆过，病树前头万木春"②。社会主义中国不仅仍然屹立于世界东方，而且在中国共产党的领导下变得更加强大。习近平总书记说："历史车轮滚滚向前，时代潮流浩浩荡荡。历史只会眷顾坚定者、奋进者、搏击者，而不会等待犹豫者、懈怠者、畏难者。"③历史总是要前进的，只有与历史同步伐、与时代共命运的人，才能赢得光明的未来。

毛泽东诗词文采斐然，自不用说，很多人都从文学的角度研究毛泽东诗词，似乎毛泽东诗词"何等豪迈""何等情怀"就够了。其实，只要是诗人，就都有情怀。可是毛泽东跟其他诗人不一样，毛

---

① "公知"，在这里，笔者意指脱离实际的教条主义者。这样的人在中国历史上不少，比如战国时期书里提到的"宋人"等，就是被讽刺的对象，他们死守教条，典型人物就是宋襄公。今天"左"右派中都有这种人。

② ［唐］刘禹锡：《酬乐天扬州初逢席上见赠》，萧涤非等著：《唐诗鉴赏辞典》，上海辞书出版社 2004 年版，第 829 页。

③ 习近平：《决胜全面建成小康社会 夺取新时代中国特色社会主义伟大胜利》（2017 年 10 月 18 日），《习近平著作选读》第 2 卷，人民出版社 2023 年版，第 57 页。

泽东诗词讲的是政治，政治是战略问题的核心。战略是以改造世界为目的的。比如同是《卜算子·咏梅》，如果不从政治的视角，就读不出毛泽东"读陆游咏梅词，反其意而用之"[①]的真意。

毛泽东的真意是以他早年说的"改造中国与世界"[②]为目的，而陆游则以孤芳自赏为目的。两者意境，判若云泥。马克思说："哲学家们只是用不同的方式解释世界，而问题在于改变世界。"[③]马克思说的这句话是冲着黑格尔说的，黑格尔在1821年出版的《法哲学原理》中提出："哲学的任务在于理解存在的东西，因为存在的东西就是理性。"[④]1975年7月15日，毛泽东在听芦荻读诗时批评古代隐士："知识分子一遇麻烦，就爱标榜退隐，其实，历史上有许多所谓的隐士，原是假的，是沽名钓誉。即使真隐了，也不值得提倡。像陶渊明，就过分抬高了他的退隐。"[⑤]

杜甫和李白在唐诗中代表两种认识路线。李白的认识论的基础是佛学中的禅宗，禅宗是魏晋玄学[⑥]与西传佛学结合的产物，禅宗本

---

① 吴正裕主编，李捷、陈晋副主编：《毛泽东诗词全编鉴赏》，中央文献出版社2003年版，第340页。

② 1920年12月1日，毛泽东写长信给蔡和森、萧子升等，表明自己接受马克思主义，走俄国十月革命的道路，赞同以"改造中国与世界"为学会的方针，并说这"正与我平日的主张相合"。中共中央文献研究室编：《毛泽东年谱（1893—1949）》上卷，中央文献出版社2013年版，第72—73页。

③ 马克思：《关于费尔巴哈的提纲》，《马克思恩格斯选集》第1卷，人民出版社1972年版，第19页。

④ ［德］黑格尔著，范扬、张企泰译：《法哲学原理·序言》，商务印书馆1961年版，第12页。

⑤ 中共中央文献研究室编：《毛泽东年谱（1949—1976）》第6卷，中央文献出版社2013年版，第599页。

⑥ 中国魏晋时期出现的一种崇尚老庄的思潮，一般特指魏晋玄学。"玄"这一概念，最早见于《老子》："玄之又玄，众妙之门。"王弼《老子指略》说："玄，谓之深者也。"玄学即研究幽深玄远问题的学说。魏晋人注重《老子》、《庄子》和《易经》，称之为"三玄"。魏晋玄学的主要代表人物有何晏、王弼、阮籍、嵇康、向秀、郭象等。魏晋玄学是在汉代儒学衰落的基础上，为弥补儒学之不足而产生的；是由汉代道家思想、黄老之学演变发展而来的；是汉末魏初的清谈直接演化的产物。玄学在早期是进步的思潮。

质是虚无的，禅宗的特点是只解释世界而不改变世界。

李白写诗就是写诗，没想改造世界，有很浓的禅意，李白的世界是虚无的。比如李白一方面赞扬秦始皇"秦王扫六合，虎视何雄哉"，另一方面又说"但见三泉下，金棺葬寒灰"①。而杜甫青年时就有"致君尧舜上，再使风俗淳"②的抱负，所以杜甫的诗中贯穿着经世致用的精神。比如《春夜喜雨》这首诗：

春夜喜雨③

杜甫

好雨知时节，当春乃发生。

随风潜入夜，润物细无声。

野径云俱黑，江船火独明。

晓看红湿处，花重锦官城。

这首诗写于唐肃宗上元二年（761 年）春，这年杜甫已至天命之年。杜甫于先天元年（712 年）出生于河南巩县，比王维、李白小 11 岁。他虽然被誉为天才少年，但是没有考上进士。杜甫年少时，曾游历吴、越、齐、赵等地。他虽然一路上作了很多诗赠予达官贵人，但始终未能出仕，杜甫因此生活困苦，只能将妻子儿女安顿在

---

① ［唐］李白：《古风·其三》，萧涤非等著：《唐诗鉴赏辞典》，上海辞书出版社 2004 年版，第 205 页。

② ［唐］杜甫：《奉赠韦左丞丈二十二韵》，萧涤非等著：《唐诗鉴赏辞典》，上海辞书出版社 2004 年版，第 427 页。

③ ［唐］杜甫：《春夜喜雨》，萧涤非等著：《唐诗鉴赏辞典》，上海辞书出版社 2004 年版，第 526 页。

奉先县。最终他得到了"右卫率府胄曹参军"一职，根据《唐书》百官志记载，这只是从八品下的小官。安史之乱爆发，杜甫被囚禁在长安长达9个月。至德二载（757年）四月，杜甫曾冒死逃出长安到凤翔（今陕西宝鸡）投奔肃宗，并被肃宗授为左拾遗。但不久就因营救房琯①，触怒肃宗。杜甫与房琯是布衣之交，因此被认为是房琯的同党。唐肃宗命令刑部、御史台、大理寺一起审讯杜甫。幸亏有宰相张镐出面营救，还有御史大夫韦陟帮忙解释，杜甫才得以幸免。此后，杜甫被贬到华州（今渭南市华州区）。乾元元年（758年）六月杜甫被贬为华州司功参军。乾元二年（759年）夏，华州及关中大旱，杜甫辞去华州司功参军的职务。广德二年（764年）春，严武再镇蜀，严武表荐杜甫为检校工部员外郎，给他做"参谋"，后人又称杜甫为杜工部。不久杜甫又辞了职。此后，步入50岁后的杜甫基本放弃了从政的念头。

仕途多舛，知天命之年的杜甫对政治已有了较深刻的认识。如果从"政治诗"的角度阅读《春夜喜雨》这首诗，就会发现它是杜甫在总结自己的从政经验：第一二句说的是做事要恰到好处，如果不知时节，那就不是"好雨"而是"坏雨"——这两句包含了杜甫四年前因救房琯受到的与司马迁因救李陵所经历的同种遭遇；第

① 房琯（697—763年），字次律，河南（今河南偃师）人，唐朝宰相，正谏大夫房融之子。房琯弘文生出身，历任校书郎、冯翊县尉、卢氏县令、监察御史、睦州司户、主客员外郎、主客郎中、给事中、宜春太守、太子左庶子、刑部侍郎，赐爵漳南县男。安史之乱爆发后，房琯随唐玄宗入蜀，拜吏部尚书、同平章事。唐肃宗灵武即位，玄宗授命房琯前往灵武正式册封唐肃宗为皇帝。房琯深受肃宗器重，委以平叛重任。但他不通兵事，又用人失误，结果在陈涛斜大败而回，逐渐被唐肃宗疏远，终被罢为太子少师。长安收复后，房琯进封清河郡公，不久因结党被贬为邠州刺史，后历任太子宾客、礼部尚书、晋州刺史、汉州刺史。广德元年（763年），房琯被拜为刑部尚书，在赴京途中病逝，追赠太尉。房琯与杜甫交情深厚。杜甫在房琯罢相后数次为其辩护，结果遭到贬官，后留有《得房公池鹅》《别房太尉墓》等诗篇。

三四句是说办事要知道借势，用现在的话说就是要善于等待上下共识的形成，有了共识，才可以"随风"成事。办完事后，不要出个人风头，更不要贪功——这时杜甫大概知道当年自己救房琯错在不会"随风"，即等待肃宗的共识。后四句是总结，说这样看似长夜漫漫，看不到明显成绩，但天明时就会发现"花重锦官城"，即收获满满。这是在讲从政之道。不求，上进；求之，不得。杜甫一生都以政治家为人生目标，想不到却事与愿违成了伟大的诗人。他的政治经验更多的是从官宦底层获得的。与近千年前的司马迁命运相似，杜甫在仕途上颠沛流离，遭遇了太多的坎坷，官阶不高，虽悟出了政治经验却鲜血淋漓并不自觉地体现在自己的诗作之中。毛泽东看出了这一点。1958 年 3 月 7 日，毛泽东"在成都游览杜甫草堂。在杜诗版本展览室，看完明、清和近世刻印的各种不同版本的杜诗后，望着陈列在橱内的杜甫诗集说：'是政治诗！'"①

毛泽东说杜甫的诗是"政治诗"，那毛泽东的诗就更是政治诗。读毛泽东诗词不可能不与毛泽东波澜壮阔的政治活动相联系，不从政治的角度而只从文学角度阅读毛泽东诗词，那一定不得要领。

"茫茫九派流中国"，中国斗争胜利要靠我们自己的同志了解情况，和中国实际联系。中国共产党理论和实际相结合的认识是在经历了重大牺牲后才获得的。一开始，不少人都是在上面飘着，结果让蒋介石拿机关枪逼着他们从天上钻到中国的土壤里，又从中国土壤里认识到马克思主义与中国实际相结合的真理，这就是毛泽东思想，从中国革命土壤中成长出的诗词才是毛泽东诗词。

---

① 中共中央文献研究室编：《毛泽东年谱（1949—1976）》第 3 卷，中央文献出版社 2013 年版，第 308 页。

诗词是毛泽东表达他所思所想的重要形式。毛泽东诗词体现着强烈的革命乐观主义精神。这基于毛泽东本人所具有的和辩证唯物主义和历史唯物主义世界观。越是困难的时候，毛泽东诗词中越是充满着乐观情绪。

事情，事情，我们正是通过一件一件难事认识到毛泽东并对毛泽东产生深厚感情的；事理，事理，我们也是通过一件件历史难题认识毛泽东所说的革命和建设的道理的。土地革命时期，1927年和1935年，毛泽东的情绪稍有低落。这一时期是马克思主义理论与中国实际相结合最重要的时期。1927年使中国共产党认识到枪杆子的重要性，1935年毛泽东与张国焘的争论及其后果使中国共产党认识到中国地缘政治的重要性。认识地缘政治是认识中国实际的极重要的方面。毛泽东很早就对学习中国地缘政治的重要性予以高度重视。1915年他在写给萧子升的信中说：

观中国史，当注意四裔，后观亚洲史乃有根；观西洋史，当注意中西之比较，取于外乃足以资于内也。地理者，空间之问题也，历史及百科，莫不根此。研究之方法，地图为要；地图之用，手填最切。地理，采通识之最多者也，报章杂志皆归之。报章杂志言教育，而地理有教育之篇；报章杂志言风俗，而地理有风俗之章。政治、军事、产业、交通、宗教等，无一不在地理范围之内。今之学者多不解此，泛泛然阅报章杂志，而不知其所归，此所谓无系统者也。①

———

① 中共中央文献研究室、中共湖南省委《毛泽东早期文稿》编辑组编：《毛泽东早期文稿（一九一二年六月—一九二〇年十一月）》，湖南人民出版社2008年版，第21页。

1926 年毛泽东在第六届农民讲习所曾主讲过地理课，他"讲述了学习地理与革命工作的关系。要求学生除对全国性的地理概况有所了解，主要对本省的山川形势、人情风俗习惯，以及地理上给予政治的影响等，都要了解。"① 据《资治通鉴》，曹操取得汉中后，刘晔曾向曹操建议："蜀民既定，据险守要，则不可犯矣。今不取，必为后忧。"② 毛泽东在读到这一段时，在页旁批注："不可信。"③ 毛泽东在读《魏书·刘表传》时批注："做土皇帝，孟德不为。"④ 且不说曹操的战略目标是逐鹿中原，也不说入川后因地形复杂将使清剿刘蜀政权的部队物资需求量极大，且因路途险远、运输困难资源不能保证，我们只要看看 13 世纪中叶蒙古大军入川后大汗蒙哥战死在钓鱼城（在今重庆）下以致终不能出川的窘境，再比较李自成出川和张献忠入川后的不同结局，就会知道，长征路上红军若进入四川也会陷入——用毛泽东的话说——"瓮中捉鳖"的窘境。在长征路上，毛泽东斩钉截铁地否定了张国焘西进四川的行动计划，部分也是缘于这些历史教训。不了解地缘政治的特点或没有地缘政治常识，我

① 中共中央文献研究室编：《毛泽东年谱（1893—1949）》上卷，中央文献出版社 2013 年版，第 164 页。

② 丞相主簿司马懿言于操曰："刘备以诈力虏刘璋，蜀人未附，而远争江陵，此机不可失也。今克汉中，益州震动，进兵临之，势必瓦解。圣人不能违时，亦不可失时也。"操曰："人苦无足，既得陇，复望蜀邪！"刘晔曰："刘备，人杰也，有度而迟；得蜀日浅，蜀人未恃也。今破汉中，蜀人震恐，其势自倾。以公之神明，因其倾而压之，无不克也。若少缓之，诸葛亮明于治国而为相，关羽、张飞勇冠三军而为将，蜀民既定，据险守要，则不可犯矣。今不取，必为后忧。"操不从。居七日，蜀降者说："蜀中一日数十惊，守将虽斩之而不能安也。"操问晔曰："今尚可击不？"晔曰："今已小定，未可击也。"乃还。［宋］司马光编著：《资治通鉴》卷六十七《汉纪五十九·献帝建安二十年》，中华书局 1956 年版，第 2140 页。

③ 中共中央文献研究室编：《毛泽东读文史古籍批语集》，中央文献出版社 1993 年版，第 291 页。

④ 中共中央文献研究室编：《毛泽东读文史古籍批语集》，中央文献出版社 1993 年版，第 141 页。

们就读不懂毛泽东《七律·长征》中"更喜岷山千里雪,三军过后尽开颜"的诗意。

再比如,读毛泽东《念奴娇·北戴河》,就不能不了解中国东北及东北亚的地缘政治特点。"关外问题"并非始于明代,自隋朝始,它就日益成为中国政治稳定的"软肋":隋之后,中国历史上多次出现全国性的长期战乱,其爆发源头多出自关外:此间,东北动则中原动,中原乱则中国乱。隋炀帝、唐太宗都注意到了东北亚政局对中原政治的影响,但都没有解决东北亚问题。1949年10月1日中华人民共和国成立,1950年6月东北亚便燃起了战火——6月27日以美国为首的"联合国军"出兵朝鲜。美国政府从其全球战略和冷战思维出发,武装干涉朝鲜内战,并派遣第七舰队侵入台湾海峡。在我国安全面临严重威胁的情况下,党和政府作出了抗美援朝的战略决策。毛泽东没有把中国的安全利益锁定在山海关或中朝边境,而是将朝鲜人民的安全与中国人民的安全利益统筹起来考虑,也就是说保卫了朝鲜的安全也就是保卫了中国的安全,对朝鲜安全的威胁也就是对中国安全的威胁。结果将美帝国主义的侵略势力压制在"三八线"以南——这确是"唐宗宋祖"乃至打败东北乌桓曹操的文治武功"稍逊风骚"的地方。

显然,如果不了解东北亚地缘政治之于中原政权安危的战略意义,我们就不可能读懂1954年夏毛泽东填写的《浪淘沙·北戴河》。此诗中提到曹操,是因为曹操解决了东北的乌桓问题,之后挥师南下,准备过长江。在这样的情境下,曹操写了《观沧海》。同样,1953年新中国取得抗美援朝的胜利,在与朝鲜人民共同捍卫了朝鲜的安全利益的同时也彻底解决了自隋唐以来中国东北遇到的安全难题，毛泽东写下了《浪淘沙·北戴河》。明乎此，才能明白"萧瑟秋风今又是，换了人间"一句中蕴含的战略意义。

唯物论和辩证法是毛泽东一生始终坚守的认识方法，也是毛泽东制定正确的战略和策略的基本原则。从某种意义上说，战略是确定现实斗争方向的学问，而策略是寻找战略力量即国力运用边界（即极限和底线）的学问。事物的性质是由其对立的方面规定的。过错，过了就错。过度运用战略力量是战略优势向劣势转化的开始。伟大的战略家就是能够正确把握自己力量边界的哲学家。只有找到自己力量使用的合理边界，其战略才是有意义和可以有效实施的。毛泽东说，"政策和策略是党的生命"，"只有党的政策和策略全部走上正轨，中国革命才有胜利的可能"。①

毛泽东不仅有坚定正确的政治立场——这需要辩证唯物主义和历史唯物主义的深厚功底，更有成熟的政治素养——这需要高超地运用辩证法的能力。毛泽东说："我们的战略是'以一当十'，我们的战术是'以十当一'，这是我们制胜敌人的根本法则之一。"②1972年1月6日，毛泽东同周恩来、叶剑英在谈到正在草拟的《中美联合公报》时说："其实这个公报没把基本问题写上去。基本问题是，无论美国也好，中国也好，都不能两面作战。口头上说两面、三面、四面、五面作战都可以，实际上就是不能两面作战。"③送走尼克松

---

① 毛泽东：《关于情况的通报》（1948年3月20日），《毛泽东选集》第4卷，人民出版社1991年版，第1298页。

② 毛泽东：《中国革命战争的战略问题》（1936年12月），《毛泽东选集》第1卷，人民出版社1991年版，第225页。

③ 中共中央文献研究室编：《毛泽东年谱（1949—1976）》第6卷，中央文献出版社2013年版，第422页。

后，7月24日，毛泽东在与周恩来、姬鹏飞、乔冠华等谈国际问题时，再次叮嘱："在两个超级大国之间可以利用矛盾，就是我们的政策。两霸我们总要争取一霸，不两面作战。"① 马克思说："辩证法不崇拜任何东西，按其本质来说，它是批判的和革命的。"② 从政治战略上说，辩证法是矛盾转化的学说，任何强大的事物在辩证法面前都是要向自己的反面转化的。掌握辩证法的人就可以促成并加速矛盾向有利于自己方向的转化。所以，毛泽东提出"帝国主义和一切反动派都是纸老虎"③ 的命题。1958年12月1日，他告诉全党：

同世界上一切事物无不具有两重性（即对立统一规律）一样，帝国主义和一切反动派也有两重性，它们是真老虎又是纸老虎。历史上奴隶主阶级、封建地主阶级和资产阶级，在它们取得统治权力以前和取得统治权力以后的一段时间内，它们是生气勃勃的，是革命者，是先进者，是真老虎。在随后的一段时间，由于它们的对立面，奴隶阶级、农民阶级和无产阶级，逐步壮大，并同它们进行斗争，越来越厉害，它们就逐步向反面转化，化为反动派，化为落后的人们，化为纸老虎，终究被或者将被人民所推翻。④

---

① 中共中央文献研究室编：《毛泽东年谱（1949—1976）》第6卷，中央文献出版社2013年版，第441页。

② 《马克思恩格斯选集》第2卷，人民出版社1972年版，第218页。

③ 中共中央文献研究室、中国人民解放军军事科学院编：《建国以来毛泽东军事文稿》，军事科学出版社、中央文献出版社2010年版，第451页。

④ 毛泽东：《关于帝国主义和一切反动派是不是纸老虎的问题》（1958年12月1日），中华人民共和国外交部、中共中央文献研究室编：《毛泽东外交文选》，中央文献出版社、世界知识出版社1994年版，第362—363页。

只有理解了毛泽东辩证唯物主义的哲学根源，才能理解毛泽东诗词中必胜的乐观的认识论基础。1962 年是中华人民共和国成立后内政外交非常困难的一年——这是新中国第一次在面对来自美国、苏联的压力的同时，又在中印边境地区对侵入中国领土的印度军队进行了对印自卫反击战。不明白这样的背景，就无法明白毛泽东《七律·冬云》中"雪压冬云白絮飞，万花纷谢一时稀""独有英雄驱虎豹，更无豪杰怕熊罴"的语意。结果，在中国边防部队基本到达中印边界传统习惯线后，毛泽东决定，"就地停火，退避三舍，我们让他们一点"。中国边防部队于 11 月 22 日零时主动停火，从 12 月 1 日起主动后撤到 1959 年 11 月 7 日的实际控制线 20 公里以内。毛泽东说，"这次是打了一个军事政治仗，或者叫政治军事仗"[1]。毛泽东写这首诗时，对印自卫反击战结束，明乎此，就会读懂"梅花欢喜漫天雪，冻死苍蝇未足奇"的蕴意。

再比如，苏联赫鲁晓夫上台后的所作所为，使毛泽东在 20 世纪 60 年代开始考虑接班人培养问题。毛泽东根据革命斗争的经验，知道没有经验的知识是书本知识构成中的边缘部分。好的教育是书本知识和经验的同时提升。现代应试教育的致命缺陷是人为地将受教育者从小与社会隔离并使之失去应对社会矛盾和斗争，特别是残酷斗争的经验。这样培养的人不懂国情，不懂人民，只知道一些书本上的教条，这样的人一旦上台，就会葬送中国社会主义事业。鉴于此，中国教育界"一从大地起风雷"，毛泽东根据马克思教育要与生

---

[1] 廖国良、李士顺、徐焰：《毛泽东军事思想发展史》，解放军出版社 2007 年版，第 501 页。

产劳动相结合的原则①，提出在学校教育中加大经验成分，以避免亡党亡国的恶果。如果不结合当时毛泽东这些人才战略的思考，我们同样也读不懂1961年年底毛泽东写的《七律·和郭沫若同志》，其中"僧是愚氓犹可训"，指人是可以教育好的，但不能脱离实际，一脱离实际脑子就飘，一飘就必然会像赫鲁晓夫那样走唯心主义的道路。1964年8月18日，毛泽东在北戴河召集康生、陈伯达等谈哲学问题，毛泽东说："哲学家要下乡去，今冬明春就下去，去参加阶级斗争，不搞阶级斗争，搞什么哲学？"②

毛泽东想通过教育变革加强中国人的辩证唯物主义的思想转变。当代中国的文化自信和文化自觉并不是仅仅因为中国有儒学文化，而是因为有了和中国优秀传统文化、中国实践相结合的马克思列宁主义。但如果仅仅停留在不加批判地接受儒家的所有思想观念，就有可能陷入抽象人性论的窠臼。1973年7月4日毛泽东在一次谈话中说：

> 郭老在《十批判书》里头自称人本主义，即人民本位主义，孔夫子也是人本主义，跟他一样。郭老不仅是尊孔，而且是反法。尊孔反法，国民党也是一样啊！林彪也是啊！③

孔夫子——毛泽东认为蒋介石、林彪等也是一样——的"人本

---

① "生产劳动和教育的早期结合是改造现代社会的最强有力的手段之一。"马克思：《哥达纲领批判》，《马克思恩格斯选集》第3卷，人民出版社1972年版，第24页。
② 中共中央文献研究室编：《毛泽东年谱（1949—1976）》第5卷，中央文献出版社2013年版，第388页。
③ 韩泰华主编：《新中国50年（下）》，红旗出版社1999年版，第2027页。

主义"的基础是抽象因而不可再分的"人"，毛泽东主张的是阶级分析中的"人民"要落到无产阶级和劳动人民。为此，1973年5月毛泽东作诗批评郭沫若"名曰共产党，崇拜孔二先"①。需要说明的是，毛泽东晚年批判的"孔子"，是汉朝以来被董仲舒改造过因而已失去斗争性的孔子及其学说。因此，毛泽东批判的也不是孔子本人的学说，而是批判那种抽掉阶级分析因而没有斗争性的思想方法。相反，毛泽东对孔子本人还有更多的肯定。他在读《读通鉴论》一书时批语："儒非徒柔也，尤为伪者骗也。"②"其教孔孟者，其法亦必申韩。"③ 1954年9月14日，在中央人民政府委员会的一次临时会议上，毛泽东说：

　　郭沫若曾经用很多材料证明，孔夫子所以成为圣人，是因为他是革命党，到处参加造反。说孔夫子著《春秋》"而乱臣贼子惧"④，那是孟子讲的。其实当时孔夫子周游列国，就是哪里造反他就到哪里去，哪里想革命他就到哪里去。所以此人不可一笔抹煞，不能简单地就是"打倒孔家店"。⑤

---

① "郭老从韩退，不及柳宗元。名曰共产党，崇拜孔二先。"韩泰华主编：《新中国50年（下）》，红旗出版社1999年版，第2027页。

② 中共中央文献研究室编：《毛泽东读文史古籍批语集》，中央文献出版社1993年版，第344页。

③ 申韩：战国时法家申不害和韩非的并称。后世以"申韩"代表法家，亦以称申韩之学。中共中央文献研究室编：《毛泽东读文史古籍批语集》，中央文献出版社1993年版，第344页。

④ "孔子成《春秋》而乱臣贼子惧。"《孟子·滕文公下》，刘俊田、林松、禹克坤译注：《四书全译》，贵州人民出版社1988年版，第475页。

⑤ 毛泽东：《关于辛亥革命的评价》（1954年9月14日），中共中央文献研究室编：《毛泽东文集》第6卷，人民出版社1999年版，第345页。

可见毛泽东赞赏的是著《春秋》"而乱臣贼子惧"，即敢向"闻人"（今天叫大"V"）少正卯①下刀子的孔子，反对的是由董仲舒抽去斗争性的孔子及其学说。即使如此，孔子的斗争性也不可能有阶级分析的高度，但如果将孔子的斗争性与马克思主义的阶级分析方法相结合，那我们的认识论就会如虎添翼，形成强大的战斗力。毛泽东认为，中国共产党如果接受了那种没有阶级分析的"人""人本"，乃至抽象"人民"的概念，就会模糊党的视野，找不准斗争的对象，其结果是越斗争，斗争的对象就越多，以致失败。

总之，毛泽东诗词与他的历史唯物主义世界观密切相关，世界观决定毛泽东诗词的人民立场，诗词中的一些概念、范畴与其战略思想——比如"数风流人物"与人民立场，"环球同此凉热"与不称霸的思想——就紧密联系在一起。从"政治诗"而不是仅从文学的视角发掘毛泽东诗词，才能更深入理解毛泽东诗词深刻的思想内涵，同时也有助于了解毛泽东的战略思想。通过对毛泽东诗词的战略解读，可发现其中贯穿着毛泽东的历史唯物主义人生观和审美观、马克思主义与中国革命实际相结合的思想、对中国地缘政治的思考及其运用、中国崛起的战略与策略，以及关于中国统一、新中国的教育方针、外交原则、继续革命等思想的脉络。可以说，革命和斗争是贯穿毛泽东诗词的主题，唯物主义和人民群众创造历史的观念是毛泽东诗词的底色。

① 少正卯（？—前496年）：中国春秋时期鲁国的大夫，官至少正，能言善辩，是鲁国的著名人物，被称为"闻人"。少正卯和孔丘都开办私学，招收学生。鲁定公十四年（公元前496年），孔丘任鲁国大司寇，代理宰相，上任后7天就把少正卯处死，曝尸三日。

目录

上篇

理解毛泽东诗词的大境界

第一章

历史唯物主义的人生观和审美观

中国共产党人是唯物主义者。这是因为与世界上其他国家的政党相比，中国共产党人的成长环境最为残酷，不容浪漫，困难和生死就像甩干机一样，在残酷的斗争中迅速地将党内那些不靠谱的唯心认识淘汰出局。洗衣机甩干速度越快，水分抛出去的越多，留下的就越是干货，认识论中的"水分"就是唯心主义，留下的"干货"就是唯物主义，清除前者的手段就是困难和生死。血色面前无浪漫。

"唯物主义的大道理"：

《菩萨蛮·黄鹤楼》《贺新郎·读史》

中国共产党诞生于 1921 年，当时随着马克思主义在中国的广泛传播和一批确立了马克思主义信仰的先进分子的出现，在中国成立共产党组织的思想和干部条件已经具备，建立工人阶级政党的任务被提上了日程。在中国共产党中诞生毛泽东思想是必然的。

1921 年，第一次世界大战刚打完不久，满世界喊的都是浪漫主义口号，"要面包，不要大炮""要拖拉机，不要坦克"等，和平的口号喊得震天响。唯物主义的一个核心问题是人要吃饭。所有的道理必须归到"人得吃饭"这个最简单的事实上。马克思在《德意志意识形态》中就提到这一点：

任何人类历史的第一个前提无疑是有生命的个人的存在。因此第一个需要确定的具体事实就是这些个人的肉体组织，以及受肉体组织制约的他们与自然界的关系。[①]

我们首先应当确定一切人类生存的第一个前提也就是一切历史的第一个前提，这个前提就是：人们为了能够"创造历史"，必须能够生活。但是为了生活，首先就需要衣、食、住以及其他东西。因此第一个历史活动就是生产满足这些需要的资料，即生产物质生活本身。[②]

人要生活，就得活着；人要活着，就得吃饭，或着说，就得需要支撑生命的基本资源。马克思称之为人的"第一个历史活动"。毛泽东是伟大的马克思列宁主义者，因此，我们研究毛泽东诗词就不能离开这个人的"第一个历史活动"。1919 年 7 月 14 日，毛泽东在《湘江评论》创刊宣言中指出："世界什么问题最大？吃饭问题最大。什么力量最强？民众联合的力量最强。"[③]真理是从哪里来的？是

[①]　马克思和恩格斯：《费尔巴哈》，《马克思恩格斯选集》第 1 卷，人民出版社 1972 年版，第24 页。

[②]　马克思和恩格斯：《费尔巴哈》，《马克思恩格斯选集》第 1 卷，人民出版社 1972 年版，第32 页。

[③]　中共中央文献研究室、中共湖南省委《毛泽东早期文稿》编辑组编：《毛泽东早期文稿》，湖南人民出版社 2008 年版，第 270 页。

从吃饭问题来的。真理又是从哪里展示的？真理是从人的生死存亡中来的。什么时候人最接近真理？答案是，人面对生死抉择的时候。如果人生所有的问题都可以简化，约掉公分母，最后剩下的就是生死。为什么有生死？这缘于资源的有限性和发展的无限性之间的矛盾。人都想要发展，而且想更快速发展，成为强者后，又想立于不败之地，就要获得更多资源，于是出现了资源争夺。为了保卫自己的生存条件，就有了有组织的人群，其中人数最多的那个人群，便是"民众的联合的力量"，即人民。毛泽东说："人民，只有人民，才是创造世界历史的动力。"[①]

常言道："饱暖思淫欲"，人一吃饱就会胡思乱想。理论本质上是实践的，所有理论的正确与否必须经过人的"受肉体组织制约的他们与自然界的关系"的检验，这个检验马克思称为人的"第一个历史活动"。专家们吃饱后探讨粮食安全和饿了三天后探讨粮食安全，哪个更靠谱？无论拥有多高的学位，在馒头面前大家都是公平的。人吃饱的时候喜欢玫瑰，但是饿肚子时，你就知道，玫瑰花不管用，解决饥饿这一人的"第一个历史活动"需要的不是玫瑰花而是枪杆子。中国共产党成立之初，党内不少领导人以为革命就是"绘画绣花"。1927 年 3 月，也就是蒋介石发动四一二反革命政变前夕，毛泽东写了《湖南农民运动考察报告》，在这份报告中，毛泽东痛心疾首地说："革命不是请客吃饭，不是做文章，不是绘画绣花，不能那样雅致，那样从容不迫，文质彬彬，那样温良恭俭让。革命

---

① 毛泽东：《论联合政府》（1945 年 4 月 24 日），《毛泽东选集》第 3 卷，人民出版社 1991 年版，第 1031 页。

是暴动，是一个阶级推翻一个阶级的暴烈的行动。"①

1927 年 4 月 12 日，蒋介石在上海发动反革命政变，收缴了上海工人纠察队的枪，次日，又向罢工示威的工人开枪。在长沙，5 月 21 日，何键、许克祥开始捕杀共产党员。毛泽东当时在武汉办农民运动讲习所。4 月 27 日，在中国共产党第五次全国代表大会上，毛泽东提出的"迅速加强土地斗争"的建议未能得到讨论。1927 年 7 月 15 日，汪精卫在武汉宣布"清党"，国共两党彻底分裂。

八七会议上，毛泽东破除了"素以为领袖同志的意见是对的"观念，批评陈独秀的右倾错误，着重指出："秋收暴动非有军事不可，党要非常注意军事问题，'须知政权是由枪杆子中取得的'。"② 会议作出开展土地革命和武装斗争的决定，而促成大家接受这个符合中国革命实际的决定的直接因素就是从 1927 年的血泊中学到和找到的经验。1956 年 9 月 24 日，毛泽东在接见参加党的八大的英国共产党代表团时说："蒋介石是中国最大的教员，教育了全国人民，教育了我们全体党员，他用机关枪上课，王明则用嘴上课。"③ 事实上，陈独秀也是用嘴上课，蒋介石则以四一二反革命政变，屠杀共产党员回应之。好好的革命形势在 1927 年毁于一旦。1927 年 4 月 27 日至 5 月 9 日，中国共产党第五次全国代表大会在武昌召开。据《毛泽东年谱》，会上，毛泽东批评了陈独秀的右倾机会主义错误。大

① 毛泽东：《湖南农民运动考察报告》（1927 年 3 月），载《毛泽东选集》第 1 卷，人民出版社 1991 年版，第 17 页。

② 中共中央文献研究室编：《毛泽东年谱（1893—1949）》上卷，中央文献出版社 2013 年版，第 206 页。

③ 毛泽东：《吸取历史教训，反对大国沙文主义》（1956 年 9 月 24 日），中共中央文献研究室编：《毛泽东文集》第 7 卷，人民出版社 1999 年版，第 121 页。

会通过《政治形势与党的任务议决案》等项决议。这些决议强调争取领导权，但没有具体措施，对汪精卫、唐生智控制的武汉国民党和武汉国民党政府抱有幻想。当时毛泽东对于党的政策，特别是关于农民运动的政策，很不满意。他向大会提出一个农民运动决议案，主张解决农民亟须解决的土地问题，建议广泛地重新分配土地。大会没有采纳，甚至未予讨论。[①]

毛泽东对陈独秀的错误痛心疾首，此时党的八七会议还没有召开，毛泽东"心情苍凉"，填《菩萨蛮·黄鹤楼》一词。

菩萨蛮·黄鹤楼

（1927年春）

茫茫九派流中国，沉沉一线穿南北。烟雨莽苍苍，龟蛇锁大江。 黄鹤知何去？剩有游人处。把酒酹滔滔，心潮逐浪高！

理解毛泽东的诗词什么时候都不能脱离毛泽东的唯物主义世界观。1958年，毛泽东谈到这首词的创作背景时说："1927年，大革命失败的前夕，心情苍凉，一时不知如何是好，这是那年的春季。夏季，8月7日，党的紧急会议，决定武装反抗，从此找到了出路。"[②]当党的政策回到唯物主义路线上后，革命进入正确轨道。20

---

① 中共中央文献研究室编：《毛泽东年谱（1893—1949）》上卷，中央文献出版社2013年版，第195—196页。

② 吴正裕主编，李捷、陈晋副主编：《毛泽东诗词全编鉴赏》，中央文献出版社2003年版，第28页。

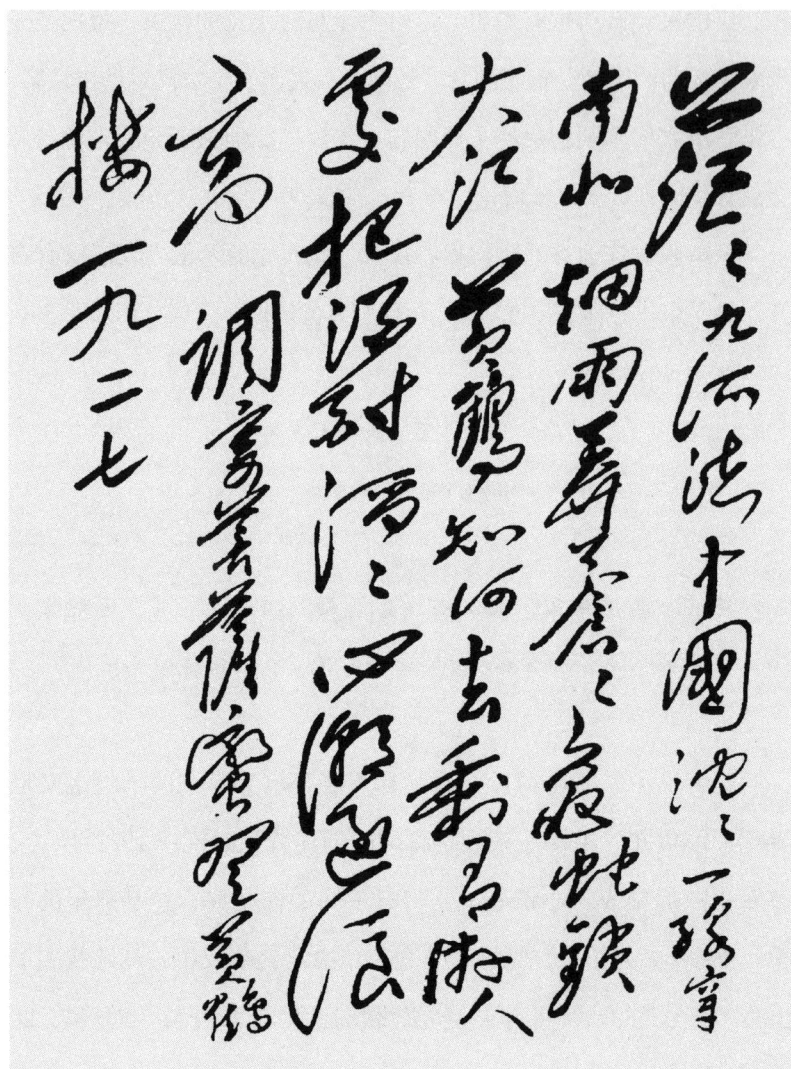

世纪 30 年代初直至湘江战役前，毛泽东的诗词充满了革命的乐观精神。

秋收起义后，毛泽东开辟了井冈山革命根据地。1964 年 3 月 24 日，毛泽东在与薄一波等同志谈到《毛泽东选集》时说："这是血的著作。"①

知道了斗争，就要学战略。战略课程不复杂，就是生死存亡，不要想那么多。有用的课，就是饿肚子。战略思维的坐标系是什么？就是生死存亡。为什么？因为资源有限。谁要是沿着这个思路走下去，谁就能胜利；谁不沿着这个思路走，谁就会灭亡。所以，毛泽东反对用实验的方法研究社会科学，他说：

社会科学的研究不能完全采用实验的方法。例如研究政治经济学不能用实验方法，要用抽象法，这是马克思在《资本论》里说的。商品、战争、辩证法等，是观察了千百次现象才能得出理论概括的。②

人的思想及其理论一旦脱离实际，学风就会陷入凌空蹈虚的境地，结果是什么实际问题都解决不了。比如北宋时期，以文学见长的政治人物甚多，有王安石、欧阳修、苏轼、苏洵、苏辙、曾巩等，但取得政治建树的却极少。毛泽东对他们的政论文章，评价普

---

① 中共中央文献研究室编：《毛泽东年谱（1949—1976）》第 5 卷，中央文献出版社 2013 年版，第 329 页。

② 中共中央文献研究室编：《毛泽东年谱（1949—1976）》第 5 卷，中央文献出版社 2013 年版，第 295 页。

遍不高。毛泽东在读马周给唐太宗的上疏时，想到宋人的策论，批注"宋人万言书，如苏轼之流所为者，纸上空谈耳"。读欧阳修的《朋党论》，他批注"似是而非"。读苏洵的《谏论》，他批注"空话连篇""皆书人欺人之谈"。对苏洵所著《六国论》中提出六国如果联合起来"并力向西"，就不会为秦国所灭的议论，毛泽东批注"此论未必然""凡势强力敌之联军，罕有成功者"。读曾巩的《唐论》，毛泽东批注"此文什么也没有说"。①

　　与苏辙同时代的司马光感受到空谈普世价值（即所谓"天理"）给国家带来的危险。司马光虽身系朝政，却无力回天，无奈只有将自己对国家前途的忧虑寄托于笔下。司马光笔下的《资治通鉴》，"专取关国家盛衰，系民生休戚"的历史事件，其目的是"监前世之兴衰，考当今之得失"。②全书因事命篇，直面矛盾，以周天子导致国家分裂、诸侯雄起的政策失误开篇③，记载了长达1362年的历史，一个故事一滩血，没有口号，绝无大话，更无空话。它犹如暗夜里闪电，晴空中惊雷，与当时严重脱离实际、空论普世理学的学风形

---

① 转引自陈晋：《读毛泽东札记》，生活·读书·新知三联书店2009年版，第93页。

② ［北宋］司马光：《进资治通鉴表》，王仲犖等编注：《资治通鉴选》，中华书局1965年版，第397、398页。

③ 司马光将国家分裂看作万恶之首并以此为通鉴的开篇，他毫不留情地指出：韩、赵、魏"受天子之命而为诸侯"，"非三晋之坏礼，乃天子自坏之也"。它导致"天下以智力相雄长，遂使圣贤之后为诸侯者，社稷无不泯绝，生民之类靡灭几尽"。（［北宋］司马光著：《资治通鉴·卷一·周纪一》，中华书局1956年版，第6页。）宋神宗在为通鉴写的序中也认为："威烈王自陪臣命韩、赵、魏为诸侯，周虽未灭，王制尽矣！"［北宋］司马光著：《资治通鉴·宋神宗资治通鉴序》，中华书局1956年版，第29页。）毛泽东说："司马光所以从周威烈王二十三年写起，是因为这一年中国历史上发生了一件大事，或着说是司马光认为发生了一件大事。""这年，周天子命韩、赵、魏三家为诸侯，这一承认不要紧，使原先不合法的三家分晋变成合法的了，司马光认为这是周室衰落的关键。"（薛泽石：《听毛泽东讲史》，中央文献出版社2003年版，第361页。）

成强烈的对比。尽管《资治通鉴》没有警醒沉湎于诗词书画中的宋代朝政，甚至没有警醒作秀成瘾的明代朝政，但它警醒并挽救了中华民族。明亡后，中国大凡有作为的政治家，案头首选多为《资治通鉴》。其中经世致用、不尚空谈、实事求是的学风，为后来中国崛起奠定了认识论基础。

尽管不满北宋文人的空论，毛泽东对司马光的《资治通鉴》却尤为偏爱。在他的故居藏书中，既有这部书的线装本，也有 20 世纪 50 年代中国古籍出版社经加注标点整理后的平装本。在这些书里，到处留下他阅读、圈点、批注的手迹。毛泽东晚年曾向身边护士孟锦云推荐《资治通鉴》这部书，要求她认真阅读。毛泽东曾说，《资治通鉴》是一部难得的好书，这部书他读过 17 遍，每读一遍都受益匪浅。毛泽东晚年床头总是放着一部《资治通鉴》，这是一部被他读破了的书，书中有不少页都被透明胶贴住，上面留下了他多次阅读的印迹。[1]

北宋亡后第三年，朱熹出世，南宋初，弥漫于知识阶层的思潮主题是救亡，这对朱熹影响很大。朱熹不当官，只做学问，他做的学问是真学问，我们说朱熹是伟大思想家，不要仅纠结于他的"缠脚"小节，最重要的是他占领了当时的思想阵地，将宋人的思想从天上拉到地上。他当时的学术辩论主题都是谈论这个问题的。

朱熹之后，中国的思想界讲究经世致用的学问多了起来。明代后期思想界又出现空论，钱穆先生说："学问空疏，遂为明代士人与官僚通病。掌握独裁权的皇帝，往往深居渊默，对朝廷事不闻不问，

---

[1] 薛泽石：《听毛泽东讲史》，中央文献出版社 2003 年版，第 359—360 页。

举朝形成群龙无首之象，而明代风习又奖励廷臣风发言事。于是以空疏之人，长叫嚣之气，而致于以议论误国。"①北宋人、明朝人太不讲立场，空学之士，读书很多，形式主义也很厉害，就是不管用。就在崇祯临死时还说让人在他死后用他的头发盖住他的脸，不要影响了老百姓。死前都要来个范儿。那时整个时代都在作秀，王阳明看到问题所在，提出"心学"，就是让人心落到实处，"正心"，就是讲立场。他还说"人须在事上磨"②，就是说做人为学都经世致用。

脱离实际要亡国。中国湖湘一带为什么能出现经世致用的思想？一个重要的原因是由于湖湘一带是中国历代尤其是宋、明两代亡国后从中原逃难文人的汇聚之地。亡国了，就不会空谈了。面对江北昨天还属于自己今却易手他族的大好河山，这时的文人做学问就不会再有空谈心性的闲情了，而"待从头，收拾旧山河，朝天阙"③则成了那一时期涌动在南宋文化人心中的主流意识。南宋朱熹在岳麓书院开一代新风④，后经明朝王阳明、王船山等力推，促成了中国文化的近代觉醒，出现了曾国藩、左宗棠、张之洞等及后来的一大批身体力行、经世致用的知识分子。

生长于湖南的毛泽东青年时就受这种学风的影响并终生提倡这种思想，"实事求是"则是这种学风最基本的要求。1921年，毛泽

---

① 钱穆：《国史大纲》，商务印书馆1994年版，第697—698页。
② ［明］王守仁撰，吴光、钱明、董平、姚延福编校：《王阳明全集·传习录上》，上海古籍出版社1995年版，第12页。
③ ［南宋］岳飞：《满江红》，周啸天注评：《宋词一百首》，商务印书馆2021年版，第101页。
④ 乾道三年（1167年），朱熹应岳麓书院的山长张拭之邀来书院讲学，盛况空前，两位大师的论学，成了历史上有名的"朱张会讲"，大大推动了宋代理学和古代哲学的大发展。

东、何叔衡曾在"船山学社"①旧址创办自修大学，现旧址门首"船山学社"四字是毛泽东亲笔题书。当时还有一种外来思想，就是胡适带来的杜威思想，杜威思想也是经世致用的学问，现在咱们把它说成是"实用主义"，翻译上有问题，好像杜威没有主义似的，实际不是的。杜威说的是效果产生真理，真理是从效果、效用来说的，这就是实践。为此，1954 年 12 月 28 日，毛泽东在给李达的信中特别叮嘱："在批判实用主义时，对实用主义所说的实用和效果，和我们所说的大体同样的名词，还需加以比较说明，因为一般人对这些还是混淆不清的。"②

奋斗是毛泽东一生的主题。1916 年 12 月 9 日，毛泽东曾在日记中自勉："与天奋斗，其乐无穷！与地奋斗，其乐无穷！与人奋斗，其乐无穷！"③如果当时的斗争还是作为劳动人民的唯物主义的认识本能，那么到 1927 年之后，这种认识就是一种自觉。

毛泽东的认识论是从中国土地里生长出来的，王明等的认识论是从苏联带回来的，玩的都是洋"范儿"，结果蒋介石用屠刀告诉他们革命是要掉脑袋的。为什么蒋介石知道枪杆子的道理？国民党的前身同盟会多次反清起义，均因没有自己的武装而失败。血的教训让孙中山、蒋介石认识到了枪杆子的重要性。1938 年，毛泽东在中国共产党第六届中央委员会扩大的第六届全体会议上总结说：

① "船山学社"位于湖南长沙市中山东路。最早是曾国藩祠，始建于 1875 年。清光绪年间（1875—1908 年）为曾国藩题词，1914 年刘人熙等人为纪念王船山（王夫之），阐扬其思想，发起组织"船山学社"。
② 毛泽东：《致李达》（1954 年 12 月 28 日），《毛泽东书信选集》，人民出版社 1984 年版，第 487 页。
③ 中共中央文献研究室编：《毛泽东年谱（1893—1949）》上卷，中央文献出版社 2013 年版，第 24 页。

　　我们来看一看国民党的历史，看一看它是如何地注意于战争，是有益处的。

　　从孙中山组织革命的小团体起，他就进行了几次反清的武装起义。到了同盟会时期，更充满了武装起义的事迹，直至辛亥革命，武装推翻了清朝。中华革命党时期，进行了武装的反袁运动。后来的海军南下，桂林北伐和创设黄埔，都是孙中山的战争事业。

　　蒋介石代替孙中山，创造了国民党的全盛的军事时代。他看军队如生命，经历了北伐、内战和抗日三个时期。过去十年的蒋介石是反革命的。为了反革命，他创造了一个庞大的"中央军"。有军则有权，战争解决一切，这个基点，他是抓得很紧的。对于这点，我们应向他学习。在这点上，孙中山和蒋介石都是我们的先生。

　　辛亥革命后，一切军阀，都爱兵如命，他们都看重了"有军则有权"的原则。①

　　毛泽东批评中国共产党早期"在兵权问题上患幼稚病"，他指出：

　　共产党员不争个人的兵权（决不能争，再也不要学张国焘），但要争党的兵权，要争人民的兵权。现在是民族抗战，还要争民族的兵权。在兵权问题上患幼稚病，必定得不到一点东西…… 每个共产党员都应懂得这个真理："枪杆子里面出政权"。我们的原则

---

① 毛泽东：《战争和战略问题》（1938 年 11 月 6 日），《毛泽东选集》第 2 卷，人民出版社 1991 年版，第 545—546 页。

是党指挥枪，而决不容许枪指挥党。但是有了枪确实又可以造党，八路军在华北就造了一个大党。还可以造干部，造学校，造文化，造民众运动。延安的一切就是枪杆子造出来的。枪杆子里面出一切东西。从马克思主义关于国家学说的观点看来，军队是国家政权的主要成分。谁想夺取国家政权，并想保持它，谁就应有强大的军队。有人笑我们是"战争万能论"，对，我们是革命战争万能论者，这不是坏的，是好的，是马克思主义的。俄国共产党的枪杆子造了一个社会主义。我们要造一个民主共和国。帝国主义时代的阶级斗争的经验告诉我们：工人阶级和劳动群众，只有用枪杆子的力量才能战胜武装的资产阶级和地主；在这个意义上，我们可以说，整个世界只有用枪杆子才可能改造。我们是战争消灭论者，我们是不要战争的；但是只能经过战争去消灭战争，不要枪杆子必须拿起枪杆子。[①]

四一二反革命政变后，共产党在一年时间内学到了以往花几十年才能理解的真理，脱西服，穿草鞋，进山接地气。八七会议后，中央临时政治局分工之前，瞿秋白征求毛泽东去上海中央机关工作的意见。毛泽东表示："不愿去大城市住高楼大厦，愿到农村去，上山结交绿林朋友。"[②] 就这样，中国共产党第一次把马克思主义扎根到中国的土地里。这时的中国共产党对于战争、枪杆子及国家的认

---

① 毛泽东:《战争和战略问题》(1938年11月6日),《毛泽东选集》第2卷，人民出版社1991年版，第546—547页。

② 中共中央文献研究室编:《毛泽东年谱（1893—1949）》上卷，中央文献出版社2013年版，第206—207页。

识，在经历了 1927 年四一二反革命政变之后，已经抛弃了党在初期 "绘画绣花" 式的浪漫，在血泊中认识到 "唯物主义的大道理"[①]。只有读懂了共产党这段历史，才能读懂毛泽东 1964 年春写的《贺新郎·读史》：

贺新郎·读史[②]

（1964 年春）

人猿相揖别。只几个石头磨过，小儿时节。铜铁炉中翻火焰，为问何时猜得，不过几千寒热。人世难逢开口笑，上疆场彼此弯弓月。流遍了，郊原血。

一篇读罢头飞雪，但记得斑斑点点，几行陈迹。五帝三皇神圣事，骗了无涯过客。有多少风流人物？盗跖庄屩流誉后，更陈王奋起挥黄钺。歌未竟，东方白。

毛泽东在写这首词前后，较久地沉浸在读史之中。1964 年 5 月 12 日，毛泽东在停靠济南的专列上听汇报，汇报到读书问题时，毛泽东说："现在被书迷住了，我这一辈子想把二十四史都读完。现在正在读南史、北史。旧唐书比新唐书好，南史、北史又比旧唐书好

---

① "不合历史要求的东西，一定垮掉，人为地维持不垮是不可能的。合乎历史要求的东西，一定垮不了，人为地解散也是办不到的。这是历史唯物主义的大道理。" 中共中央文献研究室编：《毛泽东年谱（1949—1976）》第 4 卷，中央文献出版社 2013 年版，第 124 页。

② 毛泽东：《贺新郎·读史》（1964 年春），吴正裕主编，李捷、陈晋副主编：《毛泽东诗词全编鉴赏》，中央文献出版社 2003 年版，第 378 页。

贺新郎
　　读史
人猿相揖别。
只几个石头磨过,
小儿时节。
铜铁炉中翻火焰,
为问何时猜得?
不过几千寒热。
人世难逢开口笑,
上疆场彼此弯弓月。
流遍了,
郊原血。

些。"① 毛泽东读史还是从马克思唯物史观中总结历史经验的。

恩格斯说"以往的全部历史，除原始状态外，都是阶级斗争的历史"②，《贺新郎·读史》这首词的上阕就是用文学的语言向当时的世界社会主义阵营重申马克思主义的这个基本观点，这也是中国共产党一路走来的基本的经验总结。这种表达方式，毛泽东在1949年4月写的《七律·中国人民解放军占领南京》中就曾用过，它意在告诉想置中国于分裂的人：中国共产党"宜将胜勇追穷寇，不可沽名学霸王"，中国人民解放军不会停下解放全中国的脚步；"天若有情天亦老，人间正道是沧桑"，在历史进步大势面前，中国共产党不会重复西楚霸王"沽名"的错误，决心"将革命进行到底"③。

"人世难逢开口笑，上疆场彼此弯弓月。流遍了，郊原血。"中国共产党从1921年成立，到1924年国共合作形成直至1926年，年轻的共产党与已经很有势力的国民党的合作进入了一个难得的"相逢开口笑"的甜蜜时期，可到1927年形势就迅速变成了"上疆场彼此弯弓月。流遍了，郊原血"。词的下阕说了"五帝三皇神圣事"是骗人的，历史的本质就是"盗跖庄屩流誉后，更陈王奋起挥黄钺"，即被压迫阶级不断反抗压迫阶级的斗争的历史。用毛泽东的话说就是"整个世界只有用枪杆子才可能改造"，别无他途。唯物主义就要进行阶级斗争。毛泽东将这个"骗了无涯过客"的问题澄清了。

---

① 中共中央文献研究室编：《毛泽东年谱（1949—1976）》第5卷，中央文献出版社2013年版，第349页。

② 恩格斯：《社会主义从空想到科学的发展》，《马克思恩格斯选集》第3卷，人民出版社1972年版，第423页。

③ 毛泽东：《将革命进行到底》（1948年12月30日），《毛泽东选集》第4卷，人民出版社1991年版，第1372页。

1927 年春，毛泽东批评在兵权问题上患幼稚病并紧随陈独秀路线的共产党员、时任国民党醴陵县党部宣传部长的李味农同志时说："味农同志，你是好好先生，却不懂革命理论，被压迫阶级受层层压迫已久，若不将压迫阶级无情压制，被压迫阶级不能得到彻底翻身。"[①]

毛泽东填《贺新郎·读史》的时间是 1964 年春，为什么是这个时间？ 1956 年苏共召开二十二大，赫鲁晓夫在大会报告中"提出把和平过渡、和平共处、和平竞赛作为国际共产主义运动的总路线"[②]。此后苏共内部政治斗争暗潮汹涌。这时毛泽东考虑最多的是中国的路怎么走，要走中国的路，这对中国共产党乃至国际共产主义运动，都是非同小可的，因而不得不慎重思考。1964 年 2 月 29 日，毛泽东在会见金日成时就问："中国变成修正主义，你们怎么办？"毛泽东还说道："要反对资产阶级，新出来的资产阶级分子，他们进行贪污盗窃，投机倒把，这种人虽然为数不多，但很厉害，神通广大。如果现在不加注意，他们就会泛滥起来，苏联现在不就泛滥起来了吗？"[③]3 月 24 日，毛泽东又对薄一波等同志说："《毛选》，什么是我的？ 这是血的著作。《毛选》里的这些东西，是群众教给我们的，是付出了流血牺牲的代价的。"[④]4 月 7 日，苏联共产党中央来信建议 5

---

① 中共中央文献研究室编：《毛泽东年谱（1893—1949）》上，中央文献出版社 2013 年版，第 178 页。

② 洪韵珊、都淦、王文承主编：《马克思主义简明辞典》，四川省社会科学院出版社 1987 年版，第 552 页。

③ 中共中央文献研究室编：《毛泽东年谱（1949—1976）》第 5 卷，中央文献出版社 2013 年版，第 319、320 页。

④ 中共中央文献研究室编：《毛泽东年谱（1949—1976）》第 5 卷，中央文献出版社 2013 年版，第 329 页。

月在北京继续举行苏中两党代表的会谈等事①。4月30日，毛泽东考虑到可能与苏共决裂，他在给苏联共产党中央的回复信中说：

如果苏共中央一意孤行，悍然不顾我们和很多兄弟党的劝告，一定要召集一部分赞成你们的修正主义和分裂主义错误路线的党，急急忙忙地开一个这样的会议，把它当作全世界所有共产党和工人党代表会议的话，那么，你们就将处于被全世界工人阶级、革命人民和一切真正马克思列宁主义的政党的大声斥责的地位，你们就必须承担分裂的责任，而把你们标榜的所谓团结的旗帜也抛到九霄云外去了。你们愿意干这种事吗？你们愿意走这样的绝路吗？我们现在把这种诚心诚意，利害昭然的话讲在这里，勿谓言之不预也。②

《毛泽东年谱（1949—1976）》记载："中共中央给苏共中央这封复信署的日期是一九六四年五月七日，五月九日在《人民日报》发表。"③在这封信写作和发表前后，毛泽东写下《贺新郎·读史》，这是用诗词的形式对苏共中央强加给中国共产党的持续高压，要求中共追随苏共路线的一个回答——"人世难逢开口笑，上疆场彼此弯弓月。流遍了，郊原血。"昨天相逢还在"开口笑"的苏共，明天可能就会形同陌路。1964年8月4日，毛泽东在北戴河对邓小平、彭

---

① 苏共中央4月7日来信内容要点，参阅中共中央文献研究室编：《毛泽东年谱（1949—1976）》第5卷，中央文献出版社2013年版，第344页。

② 中共中央文献研究室编：《毛泽东年谱（1949—1976）》第5卷，中央文献出版社2013年版，第345页。

③ 中共中央文献研究室编：《毛泽东年谱（1949—1976）》第5卷，中央文献出版社2013年版，第345—346页。

真等说，看来赫鲁晓夫"是下决心要分裂了"①。这也没什么了不起的，列宁不就是同孟什维克决裂了吗？"上疆场彼此弯弓月。流遍了，郊原血"，阶级斗争就是不以人的意志为转移的客观规律，"不斗争就不能进步"②，历史进步是要流血的，毛泽东说这"是群众教给我们的，是付出了流血牺牲的代价的"经验。

革命越是处于低潮，红色基调就越突出：

《西江月·井冈山》《清平乐·蒋桂战争》《如梦令·元旦》《减字木兰花·广昌路上》《蝶恋花·从汀州向长沙》《渔家傲·反第一次大"围剿"》《清平乐·六盘山》

我们再谈谈毛泽东诗词的审美。

形象思维是诗词创作的重要规律。对此，毛泽东在给陈毅的信中有一段深刻论述：

诗要用形象思维，不能如散文那样直说，所以比、兴两法是不能不用的……宋人多数不懂诗是要用形象思维的，一反唐人规律，所以味同嚼蜡。以上随便谈来，都是一些古典。要作今诗，则要用形象思维方法，反映阶级斗争与生产斗争，古典绝不能要。③

---

① 中共中央文献研究室编：《毛泽东年谱（1949—1976）》第5卷，中央文献出版社2013年版，第381页。

② 1975年12月31日，毛泽东在中南海游泳池住处会见美国前总统尼克松的女儿朱莉和她的丈夫戴维，毛泽东说："不斗争就不能进步，不和平。八亿人口，不斗行吗？"中共中央文献研究室编：《毛泽东年谱（1949—1976）》第6卷，中央文献出版社2013年版，第631页。

③ 毛泽东：《致陈毅》（1965年7月21日），吴正裕主编，李捷、陈晋副主编《毛泽东诗词全编鉴赏》，中央文献出版社2003年版，第695—696页。

诗既然是形象思维的产物，那审美就是形象思维最直接的结果。毛泽东说"宋人多数不懂"这个规律，其诗"味同嚼蜡"。

毛泽东诗词的审美观体现着极其鲜明的辩证唯物主义哲学本质及基于这种哲学的积极的乐观主义革命斗争精神。唯物主义使毛泽东有了人民群众创造历史的观念，毛泽东说："什么是上帝？人民就是上帝。"[①]"上帝就是人民，人民就是上帝。"[②]有了人民的支持，就等于有了"上帝"的支持，就有了取之不尽的力量源泉。这是毛泽东敢于从战略上藐视敌人并且敢于斗争的哲学视角。与此同时，毛泽东也知道，从战术上说，力量在什么时候都是有限的，这样，在斗争目标制定上就需要节制，使目标始终节制在革命力量可以胜任或者不致透支的范围之内。这就是毛泽东指出的在战术上重视敌人并能够善于斗争的哲学视角。有了这两条，毛泽东诗词总是有一种不可战胜的积极的乐观主义革命精神。1959 年 7 月 29 日，毛泽东在一篇内参上批示："合乎历史要求的东西，一定垮不了，人为地解散也是办不到的。这是历史唯物主义的大道理。"毛泽东诗词的审美都是基于这个"唯物主义的大道理"。

有了唯物论——其核心内容是人民，又有了辩证法——其核心内容是矛盾是可以转化的，这使得毛泽东的诗词越是在革命的困难时期就越是充满积极乐观的基调，而高扬这种基调的是红色和战斗。红色是战斗的色彩，是生命力的象征；而毛泽东在许多诗词中用红

---

① 中共中央文献研究室编：《毛泽东年谱（1949—1976）》第 4 卷，中央文献出版社 2013 年版，第 391 页。

② 中共中央文献研究室编：《毛泽东年谱（1949—1976）》第 5 卷，中央文献出版社 2013 年版，第 480 页。

旗的动感张扬表现革命的积极乐观主义精神，尤其是在 20 世纪 30 年代第二次土地革命期间和长征路上，毛泽东诗词中以舞动的红色，比如"红旗""长缨""旌旗"等表现出来的红色基调就越突出：

西江月·井冈山 ①

（1928 年秋）

山下旌旗在望，山头鼓角相闻。敌军围困万千重，我自岿然不动。

早已森严壁垒，更加众志成城。黄洋界上炮声隆，报道敌军宵遁。

清平乐·蒋桂战争 ②

（1929 年秋）

风云突变，军阀重开战。洒向人间都是怨，一枕黄粱再现。红旗越过汀江，直下龙岩上杭 ③。收拾金瓯一片，分田分地真忙。

---

① 吴正裕主编，李捷、陈晋副主编：《毛泽东诗词全编鉴赏》，中央文献出版社 2003 年版，第 36 页。

② 吴正裕主编，李捷、陈晋副主编：《毛泽东诗词全编鉴赏》，中央文献出版社 2003 年版，第 44 页。

③ 1928 年 10 月，毛泽东正在福建省永定县合溪养病，由地方武装用担架护送到上杭县城的路上。听到红四军攻占上杭，他心情大好，连作《清平乐·蒋桂战争》《采桑子·重阳》。10 月 22 日，陈毅携中共中央九月来信并派专人把信送往上杭苏家坡给毛泽东，并附信传达中央指示，请毛泽东回红四军主持工作。中共中央文献研究室编：《毛泽东年谱（1893—1949）》上卷，中央文献出版社 2013 年版，第 285—287 页。

如梦令·元旦[①]

（1930 年 1 月）

宁化、清流、归化，路隘林深苔滑。今日向何方，直指武夷山下。山下山下，风展红旗如画。

减字木兰花·广昌路上[②]

（1930 年 2 月）

漫天皆白，雪里行军情更迫。头上高山，风卷红旗过大关。此行何去？赣江风雪迷漫处。命令昨颁，十万工农下吉安。

蝶恋花·从汀州向长沙[③]

（1930 年 7 月）

六月天兵征腐恶，万丈长缨要把鲲鹏缚。赣水那边红一角，偏师借重黄公略。百万工农齐踊跃，席卷江西直捣湘和鄂。国际悲歌歌一曲，狂飙为我从天落。

---

① 吴正裕主编，李捷、陈晋副主编：《毛泽东诗词全编鉴赏》，中央文献出版社 2003 年版，第 61 页。
② 吴正裕主编，李捷、陈晋副主编：《毛泽东诗词全编鉴赏》，中央文献出版社 2003 年版，第 69 页。
③ 吴正裕主编，李捷、陈晋副主编：《毛泽东诗词全编鉴赏》，中央文献出版社 2003 年版，第 78 页。

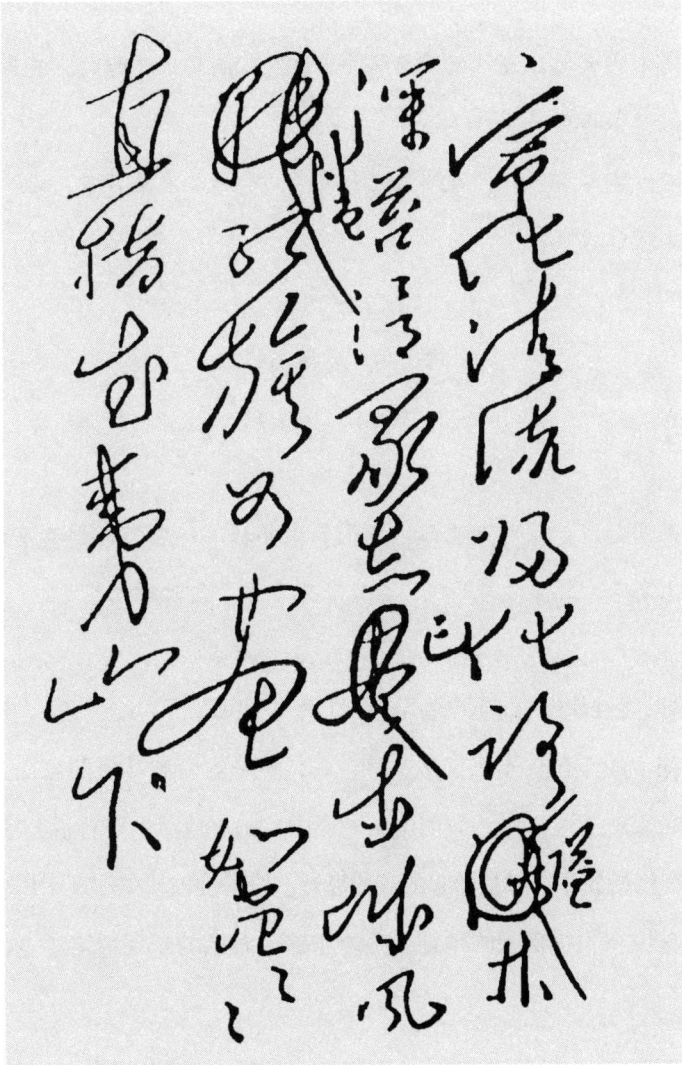

渔家傲·反第一次大"围剿"①

（1931年春）

万木霜天红烂漫，天兵怒气冲霄汉。雾满龙冈千嶂暗，齐声唤，前头捉了张辉瓒。

二十万军重入赣，风烟滚滚来天半。唤起工农千百万，同心干，不周山下红旗乱。

清平乐·六盘山②

（1935年10月）

天高云淡，望断南飞雁。不到长城非好汉，屈指行程二万。六盘山上高峰，红旗漫卷西风。今日长缨在手，何时缚住苍龙？

"风展红旗""红旗漫卷""红烂漫""红旗乱""红一角"，毛泽东诗词中的红色，不仅仅是一种色彩，更是生命和斗争的象征。毛泽东后来就《西江月·井冈山》一词中"山下旌旗"解释说："其实没有飘扬的旗子，都是卷起的。"③显然，旗子加入动感体现了作者内心的喜悦和积极乐观的精神。毛泽东这一时期的乐观情绪建立在他

---

① 吴正裕主编，李捷、陈晋副主编：《毛泽东诗词全编鉴赏》，中央文献出版社2003年版，第88页。

② 吴正裕主编，李捷、陈晋副主编：《毛泽东诗词全编鉴赏》，中央文献出版社2003年版，第167页。

③ 吴正裕主编，李捷、陈晋副主编：《毛泽东诗词全编鉴赏》，中央文献出版社2003年版，第37页。

对当时政治形势的科学估计上，而促成毛泽东对中国革命特殊性深入研究的是党内一部分同志的悲观情绪。1928 年 5 月 18 日晚，江西瑞金召开中共红四军前委扩大会议。会上，一纵队司令林彪等对时局和革命前途发表悲观言论，不相信革命高潮有迅速到来的可能，他们由此不赞成毛泽东建立和巩固根据地的主张。毛泽东对这种观点进行了批评并写了《中国的红色政权为什么能够存在？》(1928 年 10 月 5 日)、《井冈山的斗争》(1928 年 11 月 25 日)、《关于纠正党内的错误思想》(1929 年 12 月)、《星星之火，可以燎原》(1930 年 1 月 5 日)、《反对本本主义》(1930 年 5 月)等重要文章，开始了中国共产党对中国独特的革命道路的探索。毛泽东指出，中国"一小块或者若干小块红色政权的区域长期地存在"，"不但全世界帝国主义国家没有一国有这种现象，就是帝国主义直接统治的殖民地也没有一处有这种现象，仅仅帝国主义间接统治的中国这样的国家才有这种现象"[①]，"中国革命斗争的胜利要靠中国同志了解中国情况"[②]。结合新中国成立后毛泽东的诗词，可以说，红色、红旗就是毛泽东诗词的基本色调。比如 1961 年 2 月毛泽东写的《七绝·为女民兵题照》中"中华儿女多奇志，不爱红装爱武装"[③]一句，1965 年 5 月写的《水调歌头·重上井冈山》中"风雷动，旌旗奋，是人寰"[④]，1966 年 6 月写的

① 毛泽东：《中国的红色政权为什么能够存在？》，《毛泽东选集》第 1 卷，人民出版社 1991 年版，第 49 页。

② 毛泽东：《反对本本主义》，《毛泽东选集》第 1 卷，人民出版社 1991 年版，第 115 页。

③ 吴正裕主编，李捷、陈晋副主编：《毛泽东诗词全编鉴赏》，中央文献出版社 2003 年版，第 305 页。

④ 吴正裕主编，李捷、陈晋副主编：《毛泽东诗词全编鉴赏》，中央文献出版社 2003 年版，第 388 页。

《七律·有所思》中"一阵风雷惊世界,满街红绿走旌旗"①,等等。

毛泽东的诗词朴素,这与其中的人民性是一致的。在诗歌形式上,毛泽东喜欢民歌。他说诗歌"将来趋势,很可能从民歌中吸收养料和形式,发展成为一套吸引广大读者的新体诗歌"②。这与唐代诗人韩愈的"天街小雨润如酥,草色遥看近却无。最是一年春好处,绝胜烟柳满皇都"③的意境相近。韩愈对"烟柳满皇都"那种"高大上"是厌恶的,他偏爱"天街小雨润如酥,草色遥看近却无"那种初生的和有生命力的事物。韩愈是唐中期的人,这时唐人的精神还是向上的,若读唐初的诗,更让人有春风扑面的快意,这与唐王朝处于上升期的氛围相一致。与宋诗不同,唐诗,尤其是初唐的诗歌,少有对今人所谓"高大上""净白美"式的慵懒浮夸。毛泽东诗词也有同类气质,毛泽东诗词里多梅花、黄花、松柏,鲜有牡丹。毛泽东青年时就不喜欢牡丹。1915年8月他在日记中写道:"牡丹先盛而后衰,匏④瓜先衰而后盛,一者无终,一者有卒,有卒是取,其匏瓜乎?"他说做人"日学牡丹之所为,将无实之可望"⑤。1963年12月12日,毛泽东在接见外国友人时说:"有名无实不好,我不喜欢做一个这样的人。"⑥

---

① 吴正裕主编,李捷、陈晋副主编:《毛泽东诗词全编鉴赏》,中央文献出版社2003年版,第601页。
② 毛泽东:《致陈毅》,《毛泽东书信选集》,人民出版社1984年版,第608页。
③ [唐]韩愈:《早春呈水部张十八员外二首》(其一),《韩愈诗文选译》,巴蜀书社1990年版,第254页。
④ 匏(páo),一年生草本植物。果实比葫芦大,对半剖开可做水瓢。
⑤ 中共中央文献研究室编:《毛泽东年谱(1893—1949)》上卷,中央文献出版社2013年版,第19页。
⑥ 中共中央文献研究室编:《毛泽东年谱(1949—1976)》第5卷,中央文献出版社2013年版,第289页。

革命战斗精神：

《采桑子·重阳》《渔家傲·反第二次大"围剿"》《菩萨蛮·大柏地》《清平乐·会昌》《水调歌头·重上井冈山》

　　毛泽东思想是从中国土地里生长出来的，与唯物主义相一致的革命战斗精神被赋予美学含义：战争和战场被纳入审美视野，这是毛泽东诗词尤为独特的方面，比如1929年10月写的《采桑子·重阳》等：

采桑子·重阳[①]

（1929年10月）

　　人生易老天难老，岁岁重阳。今又重阳，战地黄花分外香。

　　一年一度秋风劲，不似春光。胜似春光，寥廓江天万里霜。

渔家傲·反第二次大"围剿"[②]

（1931年夏）

　　白云山头云欲立，白云山下呼声急，枯木朽株齐努力。枪林逼，飞将军自重霄入。

　　七百里驱十五日，赣水苍茫闽山碧，横扫千军如卷席。有人泣，为营步步嗟何及！

---

① 吴正裕主编，李捷、陈晋副主编：《毛泽东诗词全编鉴赏》，中央文献出版社2003年版，第52页。

② 吴正裕主编，李捷、陈晋副主编：《毛泽东诗词全编鉴赏》，中央文献出版社2003年版，第88页。

　　1932 年 10 月上旬，毛泽东在宁都会议 ① 上受到不公正的"批判"，毛泽东的军事指挥权被剥夺，尽管如此，他对革命事业必胜的乐观情绪使残酷的战争在他的诗中反成了一幅绚丽的画卷。宁都会议后，毛泽东陷入人生低谷。1933 年 6 月上旬，毛泽东出席在宁都召开的中共中央局会议，对前次宁都会议提出批评，对自己受到的不公正的对待提出申诉，"但是，秦邦宪在作结论时重申前次宁都会议是对的，说没有第一次宁都会议，就没有第四次反'围剿'的胜利"②。第四次反"围剿"实际上已经失败了，但中央局还是不信任毛泽东并继续剥夺他在军事上的发言权。然而，毛泽东的辩证唯物主义世界观以及这一时期他对中国革命道路的深入探索使他对中国革命更加自信，1933 年夏他写下《菩萨蛮·大柏地》：

菩萨蛮·大柏地 ③

（1933 年夏）

　　赤橙黄绿青蓝紫，谁持彩练当空舞？雨后复斜阳，关山阵阵苍。

---

①　1932 年 10 月上旬，中共中央局在江西宁都召开全体会议。最后以"毛泽东鉴于不能取得中央局的全权信任，坚决不赞成由他'负指挥战争全责'。会议通过周恩来提议中的毛泽东'仍留前方助理'的意见，同时批准毛泽东'暂时请病假，必要时到前方'"。10 月 12 日，中革军委根据中共中央局决定发布命令："工农红军第一方面军兼政治委员毛泽东同志，为了苏维埃工作的需要，暂回中央政府主持一切工作，所遗总政治委员一职，由周恩来同志代理。"26 日，中共临时中央任命周恩来兼任红一方面军总政治委员。这实际上宣布撤销了毛泽东的军事领导职务。中共中央文献研究室编：《毛泽东年谱（1893—1949）》上卷，中央文献出版社 2013 年版，第 388—390 页。

②　中共中央文献研究室编：《毛泽东年谱（1893—1949）》上卷，中央文献出版社 2013 年版，第 403 页。

③　吴正裕主编，李捷、陈晋副主编：《毛泽东诗词全编鉴赏》，中央文献出版社 2003 年版，第 105 页。

当年鏖战急，弹洞前村壁。装点此关山，今朝更好看。

1934 年 4 月 28 日，中央革命根据地的北大门广昌失守，国民党军队已逼近中央革命根据地腹地。这时毛泽东看到错误路线造成的恶果，红军被迫开始长征，他心情沉重。[1]同时，错误路线也印证了毛泽东主张的正确性，这时的毛泽东对革命必胜的信心更加坚定，词风更具革命的浪漫主义色彩。

清平乐·会昌[2]

（1934 年夏）

东方欲晓，莫道君行早。踏遍青山人未老，风景这边独好。 会昌城外高峰，颠连直接东溟。战士指看南粤，更加郁郁葱葱。

1962 年毛泽东给《人民文学》编辑部的信中谈到了《清平乐·蒋桂战争》《采桑子·重阳》《减字木兰花·广昌路上》《蝶恋花·从汀州向长沙》《渔家傲·反第一次大"围剿"》《渔家傲·反第二次大"围剿"》这几首词，他说，"这些词是在 1929 年至 1931 年在马背上哼成的。文采不佳，却反映了那个时期革命人民群众和

---

[1] 1958 年毛泽东对《清平乐·会昌》这首词曾作批注："1934 年，形势危急，准备长征，心情又是郁闷的。这一首《清平乐》，如前面那首《菩萨蛮》一样，表露了同一的心境。"中共中央文献研究室编：《毛泽东年谱（1893—1949）》上卷，中央文献出版社 2013 年版，第 430 页。
[2] 吴正裕主编，李捷、陈晋副主编：《毛泽东诗词全编鉴赏》，中央文献出版社 2003 年版，第 115 页。

东方欲晓，莫道君行早。

踏遍青山人未老，风景这边独好。

会昌城外高峰，颠连直接东溟。

战士指看南粤，更加郁郁葱葱。

调寄清平乐

一九三〇年会昌山

革命战士们的心情舒快状态"①。

"主动权来自实事求是"②，毛泽东同志当时的乐观情绪缘于他已经找到了在中国山地开展游击战的规律。

将战争、战斗、阶级斗争融入审美，是毛泽东美学观的重要特征。"分外香"的战地黄花和"更好看""更加郁郁葱葱"的风景，都是战斗的结果。曾任山东省委书记的舒同回忆，1932 年春，漳州战役刚结束，毛泽东踏着渐散的硝烟来到阵地，在战斗最激烈的山顶，毛泽东弯腰抓起一把焦土，几粒铜制的子弹从焦土中显露了出来，在夕阳下闪闪发亮。毛泽东深情地说："这，就是战地黄花哟！"③ 这让人想到 32 年后毛泽东写的那句"人世难逢开口笑，上疆场彼此弯弓月。流遍了，郊原血"，毛泽东视阶级斗争为当然和历史发展的基本动力，他说："天若有情天亦老，人间正道是沧桑。"1964年 1 月，毛泽东就英文译者对本句的提问答复说："这是借用李贺的句子。与人间比，天是不老的。其实天也有发生、发展、衰亡。天是自然界，包括有机界，如细菌、动物。自然界、人类社会，一样有发生和灭亡的过程。社会上的阶级，有兴起，有灭亡。"④1965 年 5月，他在《水调歌头·重上井冈山》这首词中形容这个过程说："风

① 吴正裕主编，李捷、陈晋副主编：《毛泽东诗词全编鉴赏》，中央文献出版社 2003 年版，687 页。

② 毛泽东：《十年总结》（1960 年 6 月 14 日），中共中央文献研究室编：《毛泽东文集》第 8 卷，人民出版社 1999 年版，第 197 页。

③ 张奎明、李光泉主编；山东省档案馆编：《毛泽东与山东》，中央文献出版社 2003 年版，第403 页。

④ 吴正裕主编，李捷、陈晋副主编：《毛泽东诗词全编鉴赏》，人民文学出版社 2017 年版，第153—154 页。

雷动，旌旗奋，是人寰。"①在其中无非是"一些阶级胜利了，一些阶级消灭了"，毛泽东说"这就是历史，这就是几千年的文明史"②。这一下就把社会的本质说透了。这些思想贯穿着诗人思想始终，使毛泽东诗词及其美学思想有了很强的历史唯物主义的张力。

晚年毛泽东对自己在中国开辟的社会主义事业，更是不忘初心。1976 年元旦，全国各大报刊都在头版刊载《水调歌头·重上井冈山》。词是毛泽东 10 年前填写的，词中仍是旌旗舞动，表达了他"久有凌云志，重上井冈山"的心境。

水调歌头·重上井冈山 ③

（1965 年 5 月）

久有凌云志，重上井冈山。千里来寻故地，旧貌变新颜。到处莺歌燕舞，更有潺潺流水，高路入云端。过了黄洋界，险处不须看。

风雷动，旌旗奋，是人寰。三十八年过去，弹指一挥间。可上九天揽月，可下五洋捉鳖，谈笑凯歌还。世上无难事，只要肯登攀。

有了历史唯物主义，就有了人民群众创造历史的观念，有了这个观念，就有了为他们奋斗的理想。这是理解毛泽东诗词的大境界。

---

① 毛泽东：《水调歌头·重上井冈山》(1965 年 5 月)，吴正裕主编，李捷、陈晋副主编：《毛泽东诗词全编鉴赏》，中央文献出版社 2003 年版，第 388 页。

② 毛泽东：《丢掉幻想，准备斗争》，《毛泽东选集》第 4 卷，人民出版社 1991 年版，第 1487 页。

③ 吴正裕主编，李捷、陈晋副主编：《毛泽东诗词全编鉴赏》，中央文献出版社 2003 年版，第 388 页。

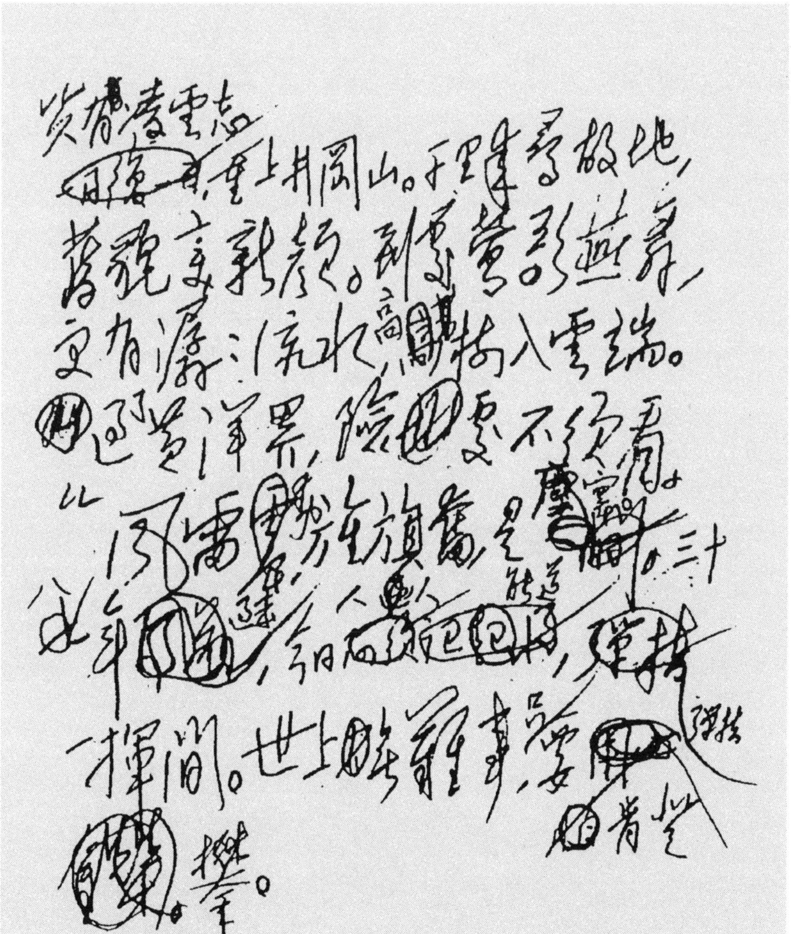

第二章

从中国土地里生长出来的

与毛泽东思想一样，毛泽东诗词是从中国土地里生长出来的。阅读毛泽东诗词，就不能不了解当时中国的时代背景及中国共产党的奋斗史。

中国共产党是在与唯心主义的斗争中成长和发展起来的。1918年，第一次世界大战结束。当时有一种和平主义的舆论倾向，认为世界将来不可能再打仗。当时国际上一片"和平主义"高调，"和平"外长在各国频频登台；"民主主义"口号盛极一时。1928年8月法、美两国发起并签署了《白里安—凯洛格非战公约》①（以下简称《非战公约》），27日《非战公约》在巴黎开放签字。到1929年7月公约生效时，参加《非战公约》的国家共44个。《非战公约》规定，各缔约国"在相互关系方面，放弃战争作为执行国家政策的工具"，"它们之间可能发生的一切分歧或冲突，不论其性质或起因如

---

① 《白里安—凯洛格非战公约》，也称《非战公约》，全称《关于废弃战争作为国家政策工具的普遍公约》，是1928年8月27日在巴黎签署的一项国际公约，该公约规定放弃以战争作为国家政策的手段和只能以和平方法解决国际争端或冲突，因为该公约本身是建立在理想主义的国际关系理论下，所以该公约没有发挥实际作用，但是该公约是人类第一次以放弃战争作为国家的外交政策。

何，只能用和平方法加以调处或解决"。[1] 西方舆论认为"一个和平时代降临了"，战争终止了，未来的历史将是"妥协、仲裁、和平"的历史。[2]

当时人们普遍认为，已经死了那么多人，人类应该从中进行反思。但这一和平梦幻在资源竞争面前迅速破灭。就在《非战公约》签署的第二年，历史就迅速出现逆转。1929—1933 年世界发生严重经济危机。为转嫁危机，德国、日本及意大利等国国内民族沙文主义和军国主义情绪迅速上涨，国家经济日益转向军事化。具有讽刺意味的是，战争首先在最早签署《非战公约》的国家爆发，这时《非战公约》的签署国早把自己在公约中所做的承诺抛到了九霄云外。

在中国，1919 年五四运动在北京爆发，其中北京大学的学子最活跃，这是很好的现象，但是也有脱离实际的情形，比如陈独秀，从新文化运动中的激进民主主义者到俄国十月革命后的马克思主义者，再到中共二大后，陈独秀或完全执行、或部分反对共产国际的指示，情况虽不尽相同，但对于共产国际指令的态度，他在 1924 年9 月曾经有过明确的表白："我是一个共产主义者，当然应该服从莫斯科共产国际之训令，这件事可以公开地告诉普天下人而毫无惭愧与隐痛。"[3] 陈独秀是第一届党的领导人，很有些书生气，看不透政治的道理。他也主张阶级斗争，主张无产阶级专政，他在《谈政治》

---

① 转引自王贵正、夏景才、曲培洛等主编：《世界现代史》，辽宁人民出版社 1984 年版，第280 页。

② 转引自王贵正、夏景才、曲培洛等主编：《世界现代史》，辽宁人民出版社 1984 年版，第276 页。

③ 《答张君劢及梁任公》，《陈独秀著作选》第 2 卷，上海人民出版社 1993 年版，第 691 页。

一文中说："我承认人类不能够脱离政治，但不承认行政及做官争地盘攘夺私的权力这等勾当可以冒充政治。"[①]这前一句说我承认政治，后一句说我只承认干净的政治。这使陈独秀理解的"政治"只能束之高阁，没有烟火气因而不能实行。列宁批评这类观念"它无疑地是一朵不结果实的花，然而却是生长在活生生的、结果实的、真实的、强大的、全能的、客观的、绝对的人类认识这棵活生生的树上的一朵不结果实的花"[②]。不能落实的政治使陈独秀像一只蝴蝶到处飞，想通过谈判解决国共两党的矛盾。毛泽东批评陈独秀把政治当作"绘画绣花"。"人世难逢开口笑"，可当时的"陈独秀们"愣是相信纯而又纯的政治，相信与国民党之间可以建立信任。"陈独秀们"不知道，信任是以实力为后盾的，实力在当时就是带血腥的枪杆子。1927年四五月间，毛泽东回忆说："我奉命前往四川，但我说服陈独秀改派我到湖南去担任省委书记。十天以后，他又命令我立刻回去，指责我组织暴动反对当时的唐生智。"[③]毛泽东告诉埃德加·斯诺：

陈独秀实在害怕工人。特别害怕武装起来的农民。武装起义的现实终于摆在他面前的时候，他完全失掉了他的理智。他不能再看清当时的形势。他的小资产阶级的本性使他陷于惊惶和失败。[④]

---

① 张宝明主编：《〈新青年〉百年典藏·政治文化卷》，河南文艺出版社2019年版，第220页。
② ［俄］列宁：《谈谈辩证法问题》，《列宁选集》第2卷，人民出版社1972年版，第715页。
③ ［美］埃德加·斯诺著，董乐山译：《红星照耀中国》，《斯诺文集》第2卷，新华出版社1984年版，第142页。
④ ［美］埃德加·斯诺著，董乐山译：《红星照耀中国》，《斯诺文集》第2卷，新华出版社1984年版，第143页。

　　毛泽东看到陈独秀这么幼稚，很生气，他告诉"陈独秀们"："革命不是请客吃饭，不是做文章，不是绘画绣花，不能那样雅致，那样从容不迫，文质彬彬，那样温良恭俭让。"陈独秀要参与政治，却宣称只参与干净的政治，即"那样雅致，那样从容不迫，文质彬彬，那样温良恭俭让"的政治，而不承认"行政及做官争地盘攘夺私的权力这等勾当可以冒充政治"；毛泽东说："革命是暴动，是一个阶级推翻一个阶级的暴烈的行动。"[1] 为什么毛泽东这样说？因为中国二十四史都在他心中，历史表现的就是枪杆子和枪杆子的关系，就是"武装的革命反对武装的反革命"[2] 的关系。毛泽东赞同斯大林的判断，认为武装斗争"是中国革命的特点之一，也是中国革命的优点之一"[3]。

　　毛泽东思想是在马克思主义中国化进程中与党内外错误路线斗争中诞生的，不仅有与国民党的主义之争，而且还有党内路线之争。毛泽东思想是从中国土地里生长出来的。毛泽东认为，中国革命是世界革命的重要组成部分，对世界革命作出贡献的前提是搞好中国革命。

---

① 毛泽东：《湖南农民运动考察报告》，《毛泽东选集》第1卷，人民出版社1991年版，第17页。
② 这句是斯大林在《论中国革命的前途》中的一句话，转引自毛泽东：《〈共产党人〉发刊词》，《毛泽东选集》第2卷，人民出版社1993年版，第604页。
③ 毛泽东：《〈共产党人〉发刊词》，《毛泽东选集》第2卷，人民出版社1991年版，第604页。

生死之地见真理

真理是从哪里推送出来的？真理并不主要是从课堂上获得的，真理是对立面告诉我们的。知识的来源不是学习而是经历。老子说"反者道之动"，反面的力量才能使你前进，反力即助力，推送力量之源来自对立面。马克思在书里写"规定即否定"[①]，斯宾诺莎也讲"限定就是否定"[②]。历史的逻辑是从反面展开的。这也是黑格尔"历史恶动力"[③]的思想，都是反映事物本质的认识。为什么是这样？因为人为生存，都要争夺资源。这在大自然中叫适者生存，优胜劣汰，在社会中叫阶级斗争。这个道理，中国共产党领导人开始也不重视，但毛泽东说必须重视，最后结果如何？蒋介石的机关枪教育了我们。国民党如何知道这个道理的？孙中山开始也不知道，不抓枪杆子，是让清王朝杀明白的。所以流血是最高的教育——反动派是要杀人的。共产党最后进了山，一定程度上讲，这是蒋介石逼着共产党"上山"，接地气。

接地气后，我党的生存环境开始好转，但不久来了一个年轻人——王明。他认为真理在他那里，因为他是克里姆林宫派来的，

[①] 转引自马克思：《〈政治经济学批判〉导言》，《马克思恩格斯选集》第2卷，人民出版社1972年版，第93页。马克思此处援引的斯宾诺莎的命题是采用黑格尔的解释。

[②] 斯宾诺莎："限定就是否定。"《斯宾诺莎致谦恭而谨慎的雅里希·耶勒斯阁下》，洪汉鼎译：《斯宾诺莎通信集》，商务印书馆1993年版，第206页。

[③] 关于黑格尔"历史恶动力"思想参见《法哲学原理》第18、第139节以及《宗教哲学讲演录》第3部第2篇第3章。

王明受到过斯大林单独召见。① 没有人敢怀疑他会有错误。② 后来的张国焘更厉害，他见过列宁，而且据他说是中国共产党高级干部中"唯一见过列宁的人"。这些人牌子都很硬。可以想象，当时见过列宁、斯大林的人，就与"代表真理"无异，何况王明还是斯大林派来的。在这个时候，中国共产党还不够自信，不知在中国这个农民居多的国家搞社会主义革命行还是不行，就容易听斯大林的。但是，无论是谁派来的，都得和中国实际结合。之前陈独秀已经脱离实际，结果失败了；王明是否脱离实际，要看成效。

王明为什么会失败？主要是因为他的认识是从国外引进的，这样的认识及建立其上的政策在中国水土不服。当时中国共产党面临的主要问题是军事斗争。进行军事斗争，就要了解中国，对当时的共产党来说首先要了解中国南方山地的地理特点。中国南方山地的地形和欧洲的大为不同。西方的地形是千里大平原，而中国南方则

① 1937年11月14日王明从莫斯科动身回国，同行的有康生。此前三天即11月11日斯大林召见王明。斯大林办公室当天来客登记簿记录有：1.德米特罗夫（季米特洛夫）同志，16点10分进入，18点05分离开；2.王明同志，16点10分进入，16点50分离开；3.王明同志，17点15分进入，18点00分离开；4.康生同志，17点15分进入，18点00分离开；5.沙平（王稼祥）同志，17点15分进入，18点00分离开。我们看到，1937年11月11日16点10分至16点50分，季米特洛夫将王明带进斯大林办公室后，王明接受斯大林近40分钟的特别召见，斯大林对王明回中国后的工作作了专门指示。17点15分至18点，王明同康生、王稼祥再次进入斯大林办公室，受斯大林召见。这说明，斯大林尽管知道他有不成熟的问题，比如对"西安事变"中王明"想发电报让他们枪毙蒋介石"的方法极不满意，但总的说来，斯大林还是将王明当作未来中国共产党高级干部来培养的。详见《苏联历史档案选编》第14卷，社会科学文献出版社2001年版，第454—455页；[保]季米特洛夫著，马细谱等译：《季米特洛夫日记选编》，广西师范大学出版社2002年版，第50页。

② 1937年12月9日，中共召开政治局会议，王明在会议上作了《如何继续全国抗战与争取抗战胜利呢？》的报告。"由于王明说是传达共产国际的指示，那时的共产国际在中国共产党内有很高的威望，对与会者自然产生很大的影响。"金冲及主编：《毛泽东传（1893—1949）》，中央文献出版社2004年版，第523页。

是峰岭横纵的山地。在欧洲平原打仗，得修碉堡，挖战壕，在决战中解决问题。欧洲各国及苏联打仗都是这种打法。李德[1] 把这种战法带到中国南方山地。而在山里头打仗，山体就是掩体，河川就是战壕，想决战都难找到一块平整的地方。1933 年年底，李德（奥托·布劳恩）来到江西瑞金，分工"主管军事战略、战役战术领导、训练以及部队和后勤的组织等问题"[2]。李德要红军正规化，军事理论要欧洲化。李德在回忆录中说：

　　刘伯承拟订了三种类型正规军建设方案，我作了鉴定后，方案就由革命军事委员会批准了。在建制方面，方案基本上与苏联红军的建制相吻合，但是在人员方面，也就是说在人员的数目、尤其是在武器装备方面当然比苏联红军落后多了。[3]

　　在作战方面，李德一反毛泽东的山地游击战术，要求中国红军按欧洲大平原作战方式在山里头找平地，挖战壕，修碉堡，寻求与国民党部队决战。他批评红军"以运动战攻击敌人的外线，同时又把兵力分散于各个次要方面，这样既没有保住苏区，又没有进行决战"。[4] 1934 年 4 月，李德以笔名"华夫"发表《革命战争的迫切问题》，系统地提出他将在苏区推行的军事思想和作战原则，认为：

---

① 李德，原名奥托·布劳恩，德国人，1932 年 10 月受共产国际派遣来中国。秦邦宪在上海时得知他毕业于莫斯科伏龙芝军事学院，聘他做军事顾问。李德到达瑞金的时间，一说为 1933 年 10 月。中共中央文献研究室编：《毛泽东年谱（1893—1949）》上卷，中央文献出版社 2013 年版，第 411 页。

② ［德］奥托·布劳恩：《中国纪事》，东方出版社 2004 年版，第 41 页。

③ ［德］奥托·布劳恩：《中国纪事》，东方出版社 2004 年版，第 45 页。

④ ［德］奥托·布劳恩：《中国纪事》，东方出版社 2004 年版，第 24 页。

在敌人主攻方向应建立防御体系，以此来直接保卫苏区。为达到此目的，必须以最少的人力和武器（包括弹药）牵制住敌人最大的兵力。应在重要的战略地点建立分散的堡垒或牢固的阵地（堡垒群），来抵抗敌机的轰炸和炮兵的射击。在山区只应进行灵活的防御战。无论情况如何，我们必须经常记住我军的特点，尤其是红军善于英勇作战的能力。每次防御时，应组织积极防御，堡垒地带应配置一定数量的人力和火炮。……①

因此，主力应集中于一定方面，这样才能在阵地给敌人以坚决的突然的打击，并消灭其有生力量。虽然游击战和防御战在革命战争的战斗中是不可缺少的，但只是战斗的辅助形式，具有决定意义的还是主力的运动战和袭击战。只有这样，才能赢得第五次"惩罚性的征讨"中以及敌人今后"围剿"中的胜利，红军才有可能转向战略进攻。②

人如果只看平面地图，就不容易接触客观实际；我们如果看立体地图，就会比较得出客观的结论。王明、李德面对平面地图，看问题多不切实际。在他们眼中人是不需要吃饭睡觉的，打仗是不需要辎重运输的。读李德的书，让人发笑，为什么？因为你是中国人，知道山地之难；要是俄国人，就不会笑，就觉得李德是对的。因为欧洲基本是平原地形。

1933 年年底，李德来到中央苏区，要求按他的思路建立军队，

---

① ［德］奥托·布劳恩：《中国纪事》，东方出版社 2004 年版，第 338 页。
② ［德］奥托·布劳恩：《中国纪事》，东方出版社 2004 年版，第 338—339 页。

打仗时在山里修碉堡，找开阔地决战。有部电视连续剧《宜昌保卫战》，从中能看出国民党、日本人都是这么打仗的：在山里头修掩体、挖战壕，搞决战。日本、国民党、李德的战争理论都来自欧洲大平原的经验总结。博古、李德放弃有利于红军的地形优势，用自己人少的劣势与数倍之敌决战硬拼，这是克劳塞维茨的军事理论，在山地运动中岂不是自找倒霉。比如，1934 年 4 月由秦邦宪、李德直接指挥的广昌战役的失败就因红军同敌人采用适合平原地形的阵地战，并采用"短促突击"战术，"虽然给予敌人重创，但自身伤亡五千五百余人，占参战总兵力的五分之一，被迫撤离广昌这个中央根据地的北大门。"①

时任红军总部作战科参谋的吕黎平回忆这段经历时说，李德的所谓"正规化"打法，"他是亲身领教过了的"。"在瑞金，每当他接到敌我态势的电报以后，就围着他房子里的大地图绕着圈子，一边不停地吸烟，一边冥思苦想，拿着红蓝铅笔在地图上勾来画去，用尺子比量着，然后就口述他的意图，让伍修权同志起草电文，之后速转给中央军委副主席周恩来，由他向军委的朱德、刘伯承等或党中央的博古、洛甫等签署下达执行。李德制定的作战指挥地图，连哨兵应该站在什么位置，一门迫击炮、一个碉堡配置在什么地方这些细节，他都作了规定，然后在电话里（当时通信设备相当落后，电话时通时断）通知部队按地图标定。当时我们用的十万分之一地图误差较大，没有实测过，有的连地名方向都不准。因此，李德的'地图指挥'，给部队造成了不应有的损失。加上李德不了解实际情

① 中共中央文献研究室编：《毛泽东年谱（1893—1949）》上卷，中央文献出版社 2013 年版，第 424 页。

况。经常朝令夕改、来回折腾，弄得前线指挥员心中无数，手忙脚乱，结果贻误许多战机。"周恩来对李德的"地图指挥"十分恼火，有时对博古等人说，不能全听李德的，要在一定范围内，给部队指挥员必要的机动权。但博古等人听不进去，只相信李德一人，结果仗越打越坏。军委首长和总司令部无能为力，只得在业务职能之内，尽自己的最大努力，以减少根据地和红军的损失。①

毛泽东和朱德不是这样，他们是充分利用山地形势掩护，打得赢就打，打不赢就走，随时都将敌人分解为一堆堆少数并逐个歼灭。国民党的胡宗南部队到了陕北以后，被毛泽东牵着鼻子到处转。毛泽东批评李德指挥广昌战役的方法不合中国国情。毛泽东说：

我们不能按本本主义先生们坐在城市楼房里设计出来的那套洋办法办，什么以碉堡对碉堡，集中对集中，这叫以卵击石。为了保存红军的有生力量，消灭敌人，要从实际出发，不能硬拼消耗。②

毛泽东明确指出："应把主力抽下来，进行整训，以小部队采取游击战和带游击性的运动战的打法，牵着敌人鼻子兜圈子，把它肥的拖瘦，瘦的拖垮……农村是海洋，我们红军好比鱼，广大农村是我们休养生息的地方。要爱护民力，群众是真正的铜墙铁壁，兵民一心是我们胜利的本钱。"③毛泽东告诉斯诺：在这个时期，放弃了我

---

① 郑广谨：《中国工农红军长征记》，河南人民出版社 2016 年版，第 7—8 页。

② 中共中央文献研究室编：《毛泽东年谱（1893—1949）》上卷，中央文献出版社 2013 年版，第 425 页。

③ 中共中央文献研究室编：《毛泽东年谱（1893—1949）》上卷，中央文献出版社 2013 年版，第 425 页。

们以前的运动战术，而采用错误的单纯防御战略。用阵地战对付占巨大优势的南京军队，是一个严重的错误，因为红军无论在技术上或者在精神上都不适合于阵地战。①

广昌失守，国民党部队日渐逼进中央革命根据地腹地，红军内线作战已十分困难，决定将红军主力撤离中央革命根据地，实行战略转移。以王明为代表的"左"倾教条主义在1934年年底的湘江之战中碰得头破血流：出门的时候8.6万多人，渡过湘江后，锐减到3万多人。湘江之战是典型的克劳塞维茨主张的决战打法，李德奉此为圭臬。李德在《革命战争的迫切问题》一文中要求红军"一进入战斗，就必须立即投入所有人力和物力，尽快地、一下子就决定战斗的结局"②。1959年10月1日，毛泽东在与外国友人谈话时说："我们是因为打了败仗迫不得已才长征。今天颂扬长征的胜利，不能忘了三十万人打得只剩下两万六七千的教训。"③

为什么会这样？因为当时王明不是个人现象，根据地情况稍微好一点，又要搞形式主义，选干部重洋文凭，看履历。这种风气下，毛泽东、朱德同志都被排斥在外了，王明等说毛泽东不正规。④1931

---

① ［美］埃德加·斯诺著，董乐山译：《红星照耀中国》，《斯诺文集》第2卷，新华出版社1984年版，第161页。

② ［德］奥托·布劳恩：《中国纪事》，东方出版社2004年版，第339页。

③ 齐玉锡：《我为毛主席作翻译》，中共中央党史研究室、中央档案馆编：《中共党史资料》第83辑，中共党史出版社2002版，第80页。

④ "李德和博古（一九三二年25岁时当上了中国共产党的书记）背地里对毛泽东大肆嘲弄。说他不过是一个'无知的乡下佬'，对马克思主义一窍不通。说他强调重视农民是肤浅的表现，'山沟里不能出马克思主义'。博古断言：'在落后的县城是不可能建成马克思主义社会的。'这些说法反映了莫斯科的观点。斯大林手下年轻的中国事务专家巴威尔·米夫和中国党内苏俄派头头、同样年轻的中国布尔什维克王明都认为无论毛泽东还是朱德对马克思主义都知之甚少。米夫和王明说朱毛不过是中国古典小说《水浒传》所描写的绿林好汉而已。"［美］哈里森·索尔兹伯里著，过家鼎等译：《长征——前所未闻的故事》，解放军出版社1986年版，第46页。

年12月，国民党第二十六路军在宁都起义后投奔红军，毛泽东要求
"对这支队伍，要努力按照古田会议决议的精神，建立党的领导，加
强政治思想工作"①。而这支队伍中的许多人只"相信日本士官生、留
洋生和保定、黄埔军校的人"②，毛泽东只有师范文凭③，没洋文凭没出
过国，更没沾过洋墨水，这都不符合当时的人才标准。为了更顺利
地接收、管理和改造这支部队，毛泽东特意派有留法背景的何长工
去做管理工作，告诉他："我们要搞些'假洋鬼子'去，否则压不
住台。"④

现在我们一些人讲了现代化、高科技，就忘了唯物论，对美国
的"一小时打遍全球"技术⑤怕得要死。可是只要打仗，就需要部
队，人要吃喝拉撒睡，就得要辎重。这些都不是导弹、原子弹就能
解决的问题。若在战役层面，技术还可以起到相当的作用，但若在
战争尤其是持久战争中，还得面对生活在当地的人民。比如，全是
山地的朝鲜地形，如果没有当地人民欢迎，外人是进不去的。如果
人进不去，导弹技术的作用就非常有限。1965年3月22日，毛泽东

---

① 中共中央文献研究室编：《毛泽东年谱（1893—1949）》上卷，中央文献出版社2013年版，第361页。

② 中共中央文献研究室编：《毛泽东年谱（1893—1949）》上卷，中央文献出版社2013年版，第364页。

③ 毛泽东只有湖南省立第一师范的毕业文凭，他告诉埃德加·斯诺："我在师范学校读了五年书，抵住了后来一切广告的引诱。最后，我居然得到了毕业文凭。"［美］埃德加·斯诺著，董乐山译：《红星照耀中国》，《斯诺文集》第2卷，新华出版社1984年版，第125页。

④ 中共中央文献研究室编：《毛泽东年谱（1893—1949）》上卷，中央文献出版社2013年版，第364页。

⑤ 2011年，美国军方获得总统奥巴马对新一代超快速武器的支持，以便在一小时之内打击地球的任何角落。白宫官员证实，奥巴马正在考虑部署新型超音速导弹，这种导弹可以每小时5700多公里的速度击中目标，几乎为"战斧"巡航导弹速度的7倍。这种新型武器可以从空中发射，也可以从陆地和海上发射，飞行高度约为106公里。美国前总统小布什就曾经鼓吹这种技术，准备用这种武器取代潜艇上的核弹头，参见《解放日报》，2010年4月26日第4版。

会见外宾时说："人民不赞成，武器再好也没有办法，这个道理自古以来就是这样的。"① 生死之地有真理。真理坐标系并不复杂：横坐标是生，纵坐标是死。只要把任何事情带到这个坐标系中，真理就会显现，人就不会胡说八道。只有把学问和国家的生死存亡联系起来，做的学问才靠谱。毛泽东思想就是在这样的背景下诞生的。

毛泽东说他比别人多懂得三条道理："人要吃饭，走路要用脚，子弹能打死人。"② 据伍修权同志回忆，在遵义会议上，毛泽东"讲了大约有一个多小时，同别人的发言比起来，算是长篇大论。他发言的主要内容是说，当前首先要解决军事路线问题，批判了'左'倾军事路线的错误和在各方面的表现，如防御时的保守主义，进攻时的冒险主义和转移时的逃跑主义；指挥者只知道纸上谈兵，不考虑战士要走路，也要吃饭，也要睡觉，也不问走的是山地、平原还是河流，只知道在地图上一划，限定时间打，这当然打不好。他又用一、二、三、四次反'围剿'胜利的事实，批驳了用敌强我弱的客观原因为第五次反'围剿'失败作辩护的观点。毛主席的发言反映了大家的共同想法和正确意见，受到与会绝大多数同志的热烈拥护。"③

1959 年 10 月 1 日，毛泽东在回答新西兰共产党总书记威尔科克斯提到的"天才的军事家"问题时说："我哪里是什么天才的军事家和战略家，我只是比那些死背教条的人多懂得三条道理：人要吃

---

① 中共中央文献研究室编：《毛泽东年谱（1949–1976）》第 5 卷，中央文献出版社 2013 年版，第 205 页。

② 齐玉锡：《我为毛泽东作翻译》，中共中央党史研究室、中央档案馆编：《中共党史资料》第 83 辑，中共党史出版社 2002 年版，第 78 页。

③ 伍修权：《我的历程》，解放军出版社 1984 年版，第 84 页。

饭，走路要用脚，子弹能打死人。"1963 年 5 月 22 日 ①，毛泽东在人民大会堂单独会见威尔科克斯，给他详细解释上次见面说的那三条道理。毛泽东说：

"人要吃饭"的意思是说，军人也是人，要是没有饭吃，不仅没法打仗，而且根本活不下去。所以指挥员一定要重视后勤工作。可是第五次反"围剿"时指挥红军的"左"倾机会主义领导却不懂得这样一个基本道理，只知道要部队打仗，不知道要做好后勤工作，保证前方的战士有饭吃，有衣服穿，有军火弹药用，受了伤有担架抬。这样的领导人连普通老百姓都不如，由他们指挥打仗，怎么能不失败？

"走路要用脚"的意思是说，当时红军没有汽车，更没有飞机。部队从一个地方调到另外一个地方，完全要靠两只脚走。可是"左"倾机会主义的领导人却不懂得这条基本道理。他们关在屋子里看着地图指挥，把代表部队的小旗子从一个地方拔下来插到另一个地方，就认为已经完成了调动队伍的任务，却不知道被他们这样拔弄的队伍还在攀山越岭，沿着崎岖险峻的小道，冒着敌机的轰炸扫射在赶路。他们在地图上可以不费吹灰之力把一支部队"调到"几十里以至上百里以外的阵地，而按照他们的命令转移的部队却要徒步跋涉多个小时，甚至好几天。等到赶到目标地，已经人困马乏，而敌人却在那里以逸待劳，怎么能不打败仗？

"子弹能打死人"的意思是说，这些"左"倾机会主义的领导

---

① 毛泽东接见威尔科克斯的具体日期，原书不详，可参见中共中央文献研究室编：《毛泽东年谱（1949—1976）》第 5 卷，中央文献出版社 2013 年版，第 228 页。

似乎以为敌人的子弹不能打死红军战士。一支部队在前线同装备绝对优势的敌人浴血苦战了几天几夜之后,牺牲、负伤、生病的人可能超过总数的一半,剩下的也很疲劳,需要撤下来休整。可是"左"倾机会主义的领导却仍然把这支部队当作刚开赴前线的生力军使用,命令他们"猛攻猛打,乘胜追击"。在这样的人指挥下,第五次反"围剿"怎么能够取得胜利？①

当时的翻译后来回忆时说,他还清楚地记得:

毛主席在说明了这三条道理后,轻轻叹息一声说了这样一段话:"我没有进过军事学堂。有人骂我抱着一本《孙子兵法》指挥打仗。其实我原来连《孙子兵法》都没有看过。听说有人这样骂我,我才想办法弄到一本来看。那些迷信洋教条的人瞎指挥,好多同志为之牺牲,真是血的教训哦！我们是因为打了败仗迫不得已才长征。今天颂扬长征的胜利,不能忘了三十万人打得只剩下两万六七千的教训。"(这时陪见的一位负责同志问毛主席:"是不是三万?"毛主席回答:"我记得只有两万六七千,不到三万。")②

---

① 齐玉锡:《我为毛主席作翻译》,中共中央党史研究室、中央档案馆编:《中共党史资料》第83辑,中共党史出版社2002版,第79—80页。
② 齐玉锡:《我为毛主席作翻译》,中共中央党史研究室、中央档案馆编:《中共党史资料》第83辑,中共党史出版社2002版,第80页。

"要奋斗到死"：

《十六字令三首》

从 1928 年的《西江月·井冈山》"山头鼓角相闻，敌军围困万千重，我自岿然不动"，到 1929 年的《采桑子·重阳》"胜似春光"，再到 1934 年夏的《清平乐·会昌》"踏遍青山人未老，风景这边独好"等，毛泽东在诗词中表现的都是革命的乐观主义。即使到 1934 年夏，广昌战役失败，毛泽东已受到王明路线的排斥，离开了红一军领导岗位，在会昌"养病"，他在《清平乐·会昌》一词中反映出的心情也仍然是乐观的："战士指看南粤，更加郁郁葱葱。"为什么是这样？因为毛泽东知道李德的那种打法不行。这不是个人问题，规律就是规律，掌握规律的人是乐观的。今天也是这样，如果能够掌握中国革命规律、中国建设规律、中国发展规律，你就是乐观的。只要是规律，它就会一天天地展现出来，人的感情要和历史的步调一致，不能跟个人得失一致，在历史的大道理中，掌握真理的人会一天天多起来。你如果不在大道理上，心情就会越来越糟，最多只是强作镇定。大家注意蒋介石的文章、日记里用得比较多的字是"忍"，为什么？反动派不忍谁忍？一天到晚都做反动的事情，越做困难越多。赢了一点，失去十点。在旧中国，资本赢利的增长速度远不如失业人数的增长速度，失业人数的增长是几何式的，资本的增加是算术式的，达到一定程度的时候，下岗失业人员中就会出现革命者，要把地主资本家推翻。红军的强大是谁促成的？蒋介石。真理就是沿着这条辩证逻辑展示的：是蒋介石的买办政策给我们送来了千千万万的红军战士。中华民国时，GDP（国内生产总值）

最好的年份是 1936 年，[①] 但是虚假繁荣，表面看着一时好，紧接着 1937 年日本就发动了全面侵华战争。因此光看 GDP 是不行的，要看是什么样的 GDP，蒋介石政府的 GDP 指数是不健康的，越发展越闹荒。但是这给中国共产党的人民战争留下了广阔的天地，因为从土地上释放出无限的有利于革命的人力资源。

蒋介石政府把人民变成流民，流民跑到中国共产党这边又变成了人民。什么叫人民？什么叫流民？没有生产资料的人叫流民，掌握生产资料并组织起来的劳动者叫人民。流民参加了红军就成为人民战士，变为成千上万有组织的群体，"没有枪，没有炮，自有敌人给我们造，没有吃，没有穿，自有敌人送上前"。红军多数人在当时也没有这样的认识，更不自信，盲目地认为只有共产国际是正确的，理所当然地会信任李德和博古。

1934 年 8 月 31 日，国民党军占领广昌的驿前。至此，中央革命根据地的东线和北线都被敌人突破，西线和南线形势更加危急，打破第五次"围剿"的希望已经破灭。这时党内高层部分领导同志开始认始到王明"左倾"路线的错误。"张闻天同毛泽东接近起来"[②]。1934 年 10 月，毛泽东在江西省赣州市于都接到中央红军准备战略转移的秘密通知。10 月 10 日晚，中共中央、中革军委率红一、红三、红五、红八、红九军团及中央、军委机关和直属部队 8.6 万余人，开始从瑞金等地出发，被迫实行战略大转移。同月，中央革

---

① "1912 年—1949 年中国国民经济增长率每年平均递增 5.6%，而 1926 年—1936 年间，增长率为 8.3%；1928 年—1936 年为 8.4%。这说明，1926 年—1936 年间增长率为旧中国的最高时期。"孙健：《中国经济通史》中卷，中国人民大学出版社 2000 年版，第 1074 页。

② 中共中央文献研究室编：《毛泽东年谱（1893—1949）》上卷，中央文献出版社 2013 年版，第 433 页。

命军事委员会印发毛泽东写的《游击战争》小册子。[①]11月，湘江突围途中，毛泽东又同周恩来、朱德等谈话做工作，得到了他们的支持。一路上，毛泽东正确的主张被李德反复拒绝，红军伤亡惨重。即使如此，毛泽东革命信心不减反增，他在于都召开的中共赣南省委的省、县、区三级会议上说："不要认为红军主力部队走了，革命就失败了。不能只看到暂时的困难，要看到革命是有希望的，红军一定会回来的！"[②]路上，毛泽东作词《十六字令三首》，从中可看到毛泽东翻江倒海的心情和"刺破青天锷未残"的顽强战斗精神。

十六字令三首[③]

（1934—1935 年）

（其一）

山，快马加鞭未下鞍。惊回首，离天三尺三。

（其二）

山，倒海翻江卷巨澜。奔腾急，万马战犹酣。

（其三）

山，刺破青天锷未残。天欲堕，赖以拄其间。

---

① 中共中央文献研究室编：《毛泽东年谱（1893—1949）》上卷，中央文献出版社 2013 年版，第 434 页。

② 中共中央文献研究室编：《毛泽东年谱（1893—1949）》上卷，中央文献出版社 2013 年版，第 435 页。

③ 吴正裕主编，李捷、陈晋副主编：《毛泽东诗词全编鉴赏》，中央文献出版社 2003 年版，第 126 页。

山。快马加鞭未下鞍。惊回首，离天三尺三。

山。倒海翻江卷巨澜。奔腾急，万马战犹酣。

山。刺破青天锷未残。天欲堕，赖以拄其间。

"山，刺破青天锷未残。天欲堕，赖以拄其间。"这是一种愈挫愈奋斗的精神，这种精神后来被毛泽东概括为"永久奋斗"。他说："总之一句话，要奋斗到死，没有死就还没有达到永久奋斗的目标。"①

---

① 毛泽东：《永久奋斗》（1939 年 5 月 30 日），中共中央文献研究室编：《毛泽东文集》第 2 卷，人民出版社 1993 年版，第 191 页。

下篇

毛泽东诗词中的战略思想

第三章

地缘政治思想

　　1935 年 1 月 15 日至 17 日，毛泽东出席在贵州遵义召开的中共中央政治局扩大会议。这次会议事实上确立了毛泽东在党中央和红军的领导地位，开始确立了以毛泽东为代表的马克思主义正确路线在党中央的领导地位，开始形成以毛泽东为核心的第一代中央领导集体，开启了党独立自主解决中国革命实际问题的新阶段，在最危急关头挽救了党、挽救了红军、挽救了中国革命。毛泽东站在新的和更大的平台上，之后毛泽东诗词中的战略思想更上层楼，展示出更宏大的格局和更强的张力。

　　毛泽东诗词中的战略思想，特别是其中的地缘政治思想，是被人认识较少又很重要的部分。这是因为毛泽东在诗词中直接提及地缘政治的情形较少，但若不从地缘政治视角来看，毛泽东诗词中的有些意境，比如"尽开颜""而今我谓昆仑，不要这高"等，连同一些重大事件，比如长征路上毛泽东与张国焘的斗争，就不能得到更准确的理解。

血泊中找到的真理：

《忆秦娥·娄山关》

1934 年 11 月 27 日至 12 月 1 日，中央红军苦战五昼夜，从广西全州、兴安间抢渡湘江，突破了国民党军的第四道封锁线的战役，是中央红军突围以来最壮烈、最关键的一仗，我军与优势之敌苦战，撕开了敌重兵设防的封锁线，粉碎了蒋介石围歼红军于湘江以东的企图。红军虽然突破了第四道封锁线，但付出了巨大的代价。第五军团和在长征前夕成立的少共国际师损失过半，第八军团损失更为惨重，第三十四师被敌人重重包围，全体指战员浴血奋战，直到弹尽粮绝，绝大部分同志壮烈牺牲。12 月 1 日，"中央红军除红五军团第三十四师，红三军团第十八团被阻于湘江东岸外，全部渡过湘江，已由出发时的八万余人锐减为三万余人。"①

湘江之战后，党中央开始认识到问题的严重性。最残酷的革命实践让中国共产党以最快速度接近并找到真理。1935 年 1 月 15 日至 17 日，党中央召开遵义会议，中共中央政治局解除了博古、李德的最高军事指挥权，会议推选毛泽东同志实际主持军事工作，而这时交到毛泽东手中的部队只剩 3 万余人。要从根本上扭转党内教条主义和形式主义的危害，毛泽东知道这并不是换一两个领导人就能解决的，其路如铁，其声如咽，"马蹄声碎"，"残阳如血"。毛泽东和党中央已有了"而今迈步从头越"的心理准备，但是否能成功，仍不能完全把握。自 1927 年那首《菩萨蛮·黄鹤楼》中"把酒酹滔

---

① 中共中央文献研究室编：《毛泽东年谱（1893—1949）》上卷，中央文献出版社 2013 年版，第 437 页。

滔，心潮逐浪高"的低沉后，1935 年年初，毛泽东心情再次陷入凝重沉郁。①

2 月 28 日，毛泽东同军委纵队过娄山关，有感而发：

忆秦娥·娄山关 ②

（1935 年 2 月）

西风烈，长空雁叫霜晨月。霜晨月，马蹄声碎，喇叭声咽。雄关漫道真如铁，而今迈步从头越。从头越，苍山如海，残阳如血。

在新的历史条件下，毛泽东知道，他的军事路线方针的实施已从局部上升到全局，即全党全军的高度，它当然还需要经过新的即全局性的实践再检验。"雄关漫道真如铁，而今迈步从头越。"此时的毛泽东知道这只是"万里长征走完了第一步"，"剧是必须从序幕开始的，但序幕还不是高潮"，"革命以后的路程更长，工作更伟大，更艰苦" ③，"从头越，苍山如海，残阳如血" ④。

---

① 1958 年 12 月毛泽东曾对这首词作批注："万里长征，千回百折，顺利少于困难不知有多少倍，心情是沉郁的。"中共中央文献研究室编：《毛泽东年谱（1893—1949）》上卷，中央文献出版社 2013 年版，第 449 页。

② 吴正裕主编，李捷、陈晋副主编：《毛泽东诗词全编鉴赏》，中央文献出版社 2003 年版，第 134 页。

③ 毛泽东：《在中国共产党第七届中央委员会第二次全体会议上的报告》（1949 年 3 月 5 日），《毛泽东选集》第 4 卷，人民出版社 1991 年版，第 1438 页。

④ "苍山如海，残阳如血"，据毛泽东 1962 年 5 月回忆说："是在战争中积累了多年的景物观察，一到娄山关这种战争胜利和自然景物的突然遇合，就造成了作者自以为颇为成功的这两句话。"中共中央文献研究室编：《毛泽东年谱（1893—1949）》上卷，中央文献出版社 2013 年版，第 449 页。

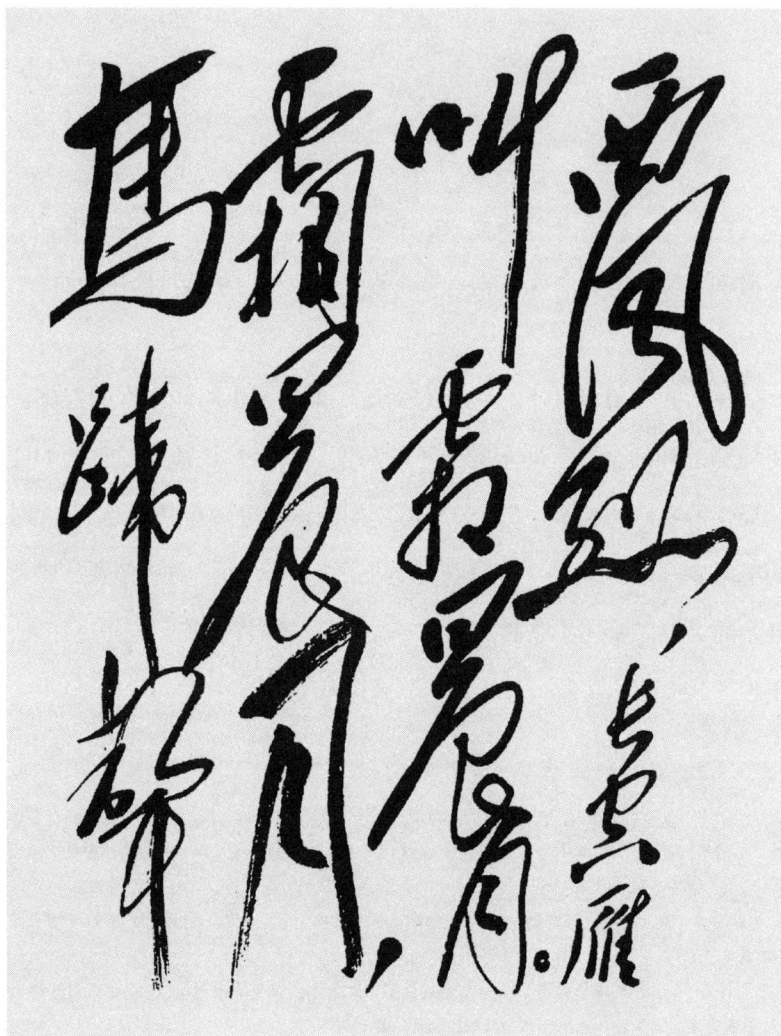

长征初期党内弥漫着各种各样的思潮。博古、李德等尽管失去了领导地位，但他们并没有认识到自己的错误，还在观望新的领导集体特别是毛泽东的实践结果。遵义会议后，中央红军在毛泽东的指挥下再次攻克川、黔交通要道娄山关，1935 年 2 月 28 日，重占遵义，5 日内连克桐梓、娄山关、遵义，击溃和歼灭国民党军两个师又 8 个团，俘敌约 3000 人，"取得长征以来最大的一次胜利"①。1935 年 5 月 25 日，中央红军强行渡过大渡河、占领泸定桥，这使红军摆脱了蒋介石的包围，避免了重蹈太平天国石达开全军覆没的危境——这反证了王明、李德路线的错误和毛泽东路线的正确。1941 年 10 月 22 日，陈云在中央政治局会议上说："遵义会议前后，我的认识有一个过程。会前不知道毛主席和博古他们的分歧是原则问题，对毛主席也只是觉得他经验多。遵义会议后，开始知道毛主席是懂军事的。红军南渡乌江后，方才佩服毛主席的军事天才。到莫斯科及回国后直至十二月会议，在独立自主问题上、徐州会战问题上，对毛主席有了更多的了解，认识到他是中国革命的旗帜。"②

1963 年 9 月 3 日，毛泽东在中南海会见印尼共产党代表团，讲到苏联从中国撤走专家时说："有先生有好处，也有坏处。不要先生，自己读书，自己写字，自己想问题。这是一条真理。我们过去就是由先生抓着手学写字，从一九二一年党成立到一九三四年，我们就是吃了先生的亏。真正懂得独立自主是从遵义会议开始的。"③

---

① 中共中央文献研究室编：《毛泽东年谱（1893—1949）》上卷，中央文献出版社 2013 年版，第 448 页。

② 中共中央文献研究室编：《陈云年谱》上卷，中央文献出版社 2000 年版，第 330—331 页。

③ 中共中央文献研究室编：《毛泽东年谱（1949—1976）》第 5 卷，中央文献出版社 2013 年版，第 257 页。

遵义会议后取得的几次军事胜利，也是中国共产党成功地使马克思列宁主义与中国革命实际结合起来的结果。但是，这只是开始，因为更严峻的考验还在"残阳如血"的前方。

深刻认识中国地缘政治特点：

《菩萨蛮·黄鹤楼》《水调歌头·游泳》

过了大渡河，大家心情稍好一点，但一波刚平，一波又起，这次遇到的是张国焘分裂主义的干扰。与王明错误路线不同，长征路上毛泽东与张国焘的斗争的焦点并不是外来思想与中国实际的矛盾，而是对中国国情，尤其是对中国地缘政治特点及规律认识深浅的矛盾。

毛泽东比较早地注意并娴熟地运用地缘政治（中国传统称之为"历史地理"或"地理政治"）学说为国内国际斗争服务。毛泽东很早就对学习中国地缘政治的重要性予以高度重视。1915 年他在写给萧子升的信中说：

观中国史，当注意四裔，后观亚洲史乃有根；观西洋史，当注意中西之比较，取于外乃足以资于内也。地理者，空间之问题也，历史及百科，莫不根此。研究之方法，地图为要；地图之用，手填最切。地理，采通识之最多者也，报章杂志皆归之。报章杂志言教育，而地理有教育之篇；报章杂志言风俗，而地理有风俗之章。政治、军事、产业、交通、宗教等，无一不在地理范围之内。今之学

者多不解此，泛泛然阅报章杂志，而不知其所归，此所谓无系统者也。^①

　　毛泽东即使在革命最困难的时候也随时思考未来革命走向胜利的道路。1927 年，毛泽东填《菩萨蛮·黄鹤楼》，该词包含着对中国地缘政治枢纽地带即武汉地区的深刻认识。

菩萨蛮·黄鹤楼

（1927 年春）

　　茫茫九派流中国，沉沉一线穿南北。烟雨莽苍苍，龟蛇锁大江。黄鹤知何去？剩有游人处。把酒酹滔滔，心潮逐浪高。

　　毛泽东一生最看重武汉的居中国之中的战略地位。在贯通中国东西的长江水路天然存在和京汉铁路^②已经建成的条件下，毛泽东最看重以武汉为中心的长江南北交通的贯通。早在 1920 年，毛泽东写信给黎锦熙，信中就特别强调："在最快期内，促进修竣粤汉铁路^③

①　中共中央文献研究室、中共湖南省委《毛泽东早期文稿》编辑组编：《毛泽东早期文稿》，湖南人民出版社 2008 年版，第 21 页。

②　京汉铁路，原称卢汉铁路（京广铁路的组成部分），是卢沟桥、郑州至汉口的铁路，是甲午中日战争后中国清政府准备自己修筑的第一条铁路。1898 年年底，从南北两端同时开工，1905 年 11 月 15 日郑州黄河大桥建成。1906 年 4 月 1 日全线竣工通车，全长 1214 公里，改称京汉铁路。

③　粤汉铁路是京广铁路南段广州到武昌间的一条铁路旧称，全长 1059.6 公里，从 1900 年动工到 1936 年筑成。1936 年 9 月 1 日首次通车，由广州黄沙出发，历时 44 小时抵达武昌徐家棚。1957 年武汉长江大桥建成后与北京到汉口的京汉铁路两路接轨，改称为京广铁路。

之湖南线。"①1927 年，大革命失败后，毛泽东还是念念不忘"沉沉一线穿南北"②和"龟蛇锁大江"的地缘战略布局。

与东北、新疆比较，长江的安全最具全局性。武汉在中国历史上具有分合节点的作用，因为武汉所处地段是长江东西防御的"七寸"所在，既是东西两段间最易攻破的薄弱环节，又是南下北上的交通枢纽，在地缘政治上它符合黄金分割原理。武汉得失，关乎全局：失了武汉，中国分裂；占了武汉，中国统一。对武汉的控制就是对长江的控制。魏蜀吴三国的分裂形势就是在赤壁之战后确定的，同样，蜀吴联盟的破裂也是从荆州蜀吴易手开始的。1853 年 1 月洪秀全攻克武昌，3 月定都南京，中国由此南北两分；曾国藩 1854 年10 月夺取武昌，十年后（1864 年）攻下南京，中国南北归一。1911年 10 月武昌起义成功，1912 年元旦孙中山建立中华民国并定都南京。1926 年 10 月北伐军攻占武汉三镇，1927 年 4 月蒋介石国民政府定都南京。1937 年 12 月日本侵略者入侵南京，1938 年 10 月日本攻陷武汉，1940 年 3 月汪伪政权在南京成立。

长江不仅对于中国内部统一至关重要，而且对于抵御"外族进攻"也具有重大的战略价值。马汉提醒西方列强注意利用长江分裂中国的可能性，他说："中国的统一或分裂不是由人事先规定的，但是政治家需要考虑到这两种情形。"③马汉明白，长江是中国政治联系的枢纽；中国一旦失控长江，从某种意义上说就失去了中国的统一。

---

① 中共中央文献研究室、中共湖南省委《毛泽东早期文稿》编辑组编：《毛泽东早期文稿》，湖南人民出版社 2008 年版，第 425 页。

② "'沉沉一线穿南北'指当时长江以南的粤汉铁路和以北的京汉铁路。"吴正裕主编、李捷、陈晋副主编：《毛泽东诗词全编鉴赏》，中央文献出版社 2017 年版，第 22 页。

③ 〔美〕马汉著，萧伟中、梅然译：《海权论》，中国言实出版社 1997 年版，第 235 页。

而贯穿长江东西和南北的枢纽就在武汉，所以毛泽东在 1927 年《菩萨蛮·黄鹤楼》一词中说"烟雨茫苍苍，龟蛇锁大江。"

武汉，古"用武之国"[①] 也；武昌，缘武而昌。地如其名，必争之地，与"武"自有不解之缘。南宋诗人刘过[②] 的《襄阳歌》[③] 对武汉地区的地缘政治特点和尚武民风描写得非常生动："十年着脚走四方，胡不归来兮襄阳？襄阳真是用武国，上下吴蜀天中央。铜鞮坊里弓作市，八邑田熟麦当粮。一条路入秦陇去，落日仿佛见太行。土风沉浑士奇杰，呜呜酒后歌声发。歌曰人定兮胜天，半壁久无胡日月。买剑倾家赀，市马托生死。科举非不好，行都兮万里。人言边人尽粗材，卧龙高卧不肯来。杜甫诗成米芾写，二三子亦英雄哉！"

论从史出，只有理解了武汉的历史才能理解长江，同样理解了长江的历史也就理解了武汉。因此，新中国成立后，在长江修建联系南北大桥的首选是武汉长江大桥，1957 年武汉长江大桥通车。1959 年，南京长江大桥定测工作开始，1969 年南京长江大桥通车。

1956 年，也就是在武汉长江大桥竣工[④] 的前一年，毛泽东来到1927 年曾经"把酒酹滔滔，心潮逐浪高"的黄鹤楼，看到接近竣工的武汉长江大桥使 30 年前"沉沉一线穿南北"的愿望正变为"一桥飞架南北，天堑变通途"的现实，心情之好，自不待言。5 月 31 日，

---

① ［晋］陈寿：《三国志·蜀书五·诸葛亮传》，上海古籍出版社 2002 年版，第 842 页

② 刘过（1154—1206 年），南宋文学家，字改之，号龙洲道人。吉州太和（今江西泰和县）人。四次应举不中，流落江湖间，布衣终身。曾为陆游、辛弃疾所赏，亦与陈亮、岳珂友善。词风与辛弃疾相近，抒发抗金抱负狂逸俊致，与刘克庄、刘辰翁享有"辛派三刘"之誉，又与刘仙伦合称为"庐陵二布衣"。著有《龙洲集》《龙洲词》。

③ ［宋］刘过：《龙洲集》卷一《襄阳歌》，上海古籍出版社 1978 年版，第 1 页。

④ 武汉长江大桥，是中国湖北省武汉市境内连接汉阳区与武昌区的过江通道，位于长江水道之上，武汉长江大桥于 1955 年 9 月 1 日动工兴建，于 1957 年 7 月 1 日完成主桥合龙工程，于1957 年 10 月 15 日通车运营。

63 岁的毛泽东第一次在武汉横渡长江，之后 4 天内，他又三次横渡长江，随后挥毫写下了著名的诗词《水调歌头·游泳》：

水调歌头·游泳 ①

才饮长沙水，又食武昌鱼。万里长江横渡，极目楚天舒。不管风吹浪打，胜似闲庭信步，今日得宽馀。子在川上曰：逝者如斯夫！

风樯动，龟蛇静，起宏图。一桥飞架南北，天堑变通途。更立西江石壁，截断巫山云雨，高峡出平湖。神女应无恙，当惊世界殊。

这次毛泽东又提到龟山和蛇山，不同的是，1927 年的"龟蛇锁大江"即钳锁长江的龟山和蛇山，在 30 年后的新中国成为见证"一桥飞架南北，天堑变通途"的信物。1967 年 9 月 19 日，毛泽东来到武汉，在专列上他对武汉军区司令员曾思玉说："湖北、河南两省人口有一亿多，地处中原，扼守长江和京广线的咽喉，战略地位十分重要。你们的责任重大，要掌握两省军队，稳定局势。" ②

1926 年，毛泽东在第六届农民讲习所主讲地理课，"在他所主持的为期四个月的那一期农民讲习班中，毛讲了三门课：农民问题（讲了一周，总计 23 小时）、农村的教育工作（9 小时）和地理（4 小时）。" ③他讲述学习地理与革命工作的关系。要求学员除对全国性的地理概

---

① 吴正裕主编，李捷、陈晋副主编：《毛泽东诗词全编鉴赏》，中央文献出版社 2003 年版，第 239 页。
② 中共中央文献研究室编：《毛泽东年谱（1949—1976）》第 6 卷，中央文献出版社 2013 年版，第 123 页。
③ ［俄］亚历山大·潘佐夫著，卿文辉等译：《毛泽东传》上，中国人民大学出版社 2015 年版，第 221 页。

水调歌头·游泳

才饮长沙水，又食武昌鱼。万里长江横渡，极目楚天舒。不管风吹浪打，胜似闲庭信步，今日得宽馀。子在川上曰：逝者如斯夫！

风樯动，龟蛇静，起宏图。一桥飞架南北，天堑变通途。更立西江石壁，截断巫山云雨，高峡出平湖。神女应无恙，当惊世界殊。

况有所了解，主要对本省的山川形势、人情风俗习惯，以及地理上给予政治的影响等，都要了解。1949 年 2 月 10 日，毛泽东在致林彪、刘伯承、陈毅等人的电文中指出："关于地理常识的教育极为重要。请你们考虑，是否可以制印长江以南及西北、西南的简明地图一张，图上有大的河流、山脉，有省界，有大城市及中等城市的名称。在省名及大城市名的旁边注明该省该市的人口总数。在各野战军自己担任占领和工作的区域内，标注重要县镇的名称……此种地图常识的教育，将使指战员们增加勇气和对于任务的明确性。"[1]

新中国成立后，毛泽东要求高级军事干部关注和研究地理政治。1954 年毛泽东对吴晗还讲到读历史不能没有一部历史地图放在手边。[2] 1970 年 12 月，毛泽东注意到林彪"篡党夺权活动"的企图，调任李德生为北京军区司令员。他问李德生："你看过顾祖禹的《读史方舆纪要》吗？这是一部军事地理的参考书，要找来看看，先读有关华北部分。你知道北京为什么叫燕京，北京最早的居民点在哪里？当北京军区司令员，要了解北京的历史地理，了解华北的历史地理。"[3] 1956 年 3 月 8 日，毛泽东在听取交通部汇报时说："中国地势比较完整，东面是大海，西面是高山，统一起来帝国主义不易进来，发展航运有重大意义。"[4] 1964 年 3 月 5 日，毛泽东在与金日成

---

① 中共中央文献研究室编：《毛泽东年谱（1893—1949）》下卷，中央文献出版社 2013 年版，第 455 页。

② 盛巽昌、欧薇薇、盛仰红编著：《毛泽东这样学习历史，这样评点历史》，人民出版社 2005 年版，第 152 页。

③ 中共中央文献研究室编：《毛泽东年谱（1949—1976）》第 6 卷，中央文献出版社 2013 年版，第 364 页。

④ 中共中央文献研究室编：《毛泽东年谱（1949—1976）》第 2 卷，中央文献出版社 2013 年版，第 544 页。

谈话中提到罗马尼亚时说:"他们的地理位置没有东方国家好,这对他们不利。"[1] 毛泽东这里说的"他们",既指罗马尼亚,也指欧洲。

地理位置的好坏取决于主观对其规律的把握。毛泽东在当时党的领导层中是对中国地缘政治及其规律认识最深刻的人。如果说毛泽东与博古、李德军事路线的斗争缘于李德的适合于欧洲的军事思想在中国南方山地"水土不服"及由此产生的战争规律的认识差别,毛泽东与张国焘的争执则缘于对中国四川和西北地形及在此之上形成的战争规律的认识差别。深度不同的认识,产生了完全不同的实践结果。

长征路上,毛泽东与张国焘关于长征方向的争论焦点在于对四川在中国地缘政治中的地位和作用的认识差异。1935 年 6 月,红一、红四方面军会合后,党中央内部关于长征路线出现分歧。其主要表现在南北两个大方向上,具体说是三个方位:一是南下川西北,这是张国焘的方案;二是北上陕甘,这是毛泽东的方案;三是张国焘作为妥协的北进新疆的方案。6 月 26 日召开的懋功两河口会议上毛泽东指出南下方案事实上会使红一、红四两方面军被逼退到西康地区,如果"被敌人封锁在这个地区,将成为瓮中之鳖"[2];而张国焘则固执于南下偏安川康的路线,表示:"现宜以一部向东北佯动,诱敌北进,我则乘势南下。如此对二、六军团为绝好配合。我看蒋与川敌间矛盾极多,南打又为真正进攻,决不会做瓮中之鳖。"[3]张国焘的回电带有明显的抵触情绪,其"决不会做瓮中之鳖"是对 6 月 26 日

---

① 中共中央文献研究室编:《毛泽东年谱(1949—1976)》第 5 卷,中央文献出版社 2013 年版,第 321 页。

② 莫志斌主编:《告诉你真实的长征》,湖南教育出版社 2006 年版,第 169 页。

③ 徐向前:《历史的回顾》(中),解放军出版社 1984 年版,第 451 页。

召开的懋功两河口会议上毛泽东批评他的南下方案用语的决绝回应。

毛泽东说:"规律自身不能说明自身。规律存在于历史发展的过程中。应当从历史发展过程的分析中来发现和证明规律。不从历史发展过程的分析下手,规律是说不清楚的。"① 在这两个方向的选择上,谁对呢? 在没有实践结果前,不好判断。但如从历史经验中看,毛泽东的方案是有利于中国革命事业的选择的。毛泽东对四川的理解与清代地缘政治大家顾祖禹接近,顾祖禹在《读史方舆纪要》开篇处说得更明白:

四川非坐守之地也。以四川而争衡天下,上之足以王,次之足以霸;恃其险而坐守之,则必至于亡。②

以天下之大仅存一蜀,蜀其不能逃于釜中矣。③

顾祖禹这里说的"釜中矣",与毛泽东说的"瓮中之鳖"是一个意思。顾祖禹还补充说:四川之地"得其人则可守,非其人亦易失也"④,言据此仅守成遑论成事,已属非常不易之事。唐人李白有诗《蜀道难》,开篇直呼"噫吁嚱,危乎高哉! 蜀道之难难于上青天"⑤。四川盆地进难出更难:其处凹地、四面环山,周边居高临下的其他力量的牵制使之只可就近守成却不可远行出击。"交通状况决定战争

---

① 中共中央文献研究室编:《毛泽东年谱(1949—1976)》第4卷,中央文献出版社2013年版,第316页。

② [清]顾祖禹著:《读史方舆纪要》,中华书局2005年版,第3094页。

③ [清]顾祖禹著:《读史方舆纪要》,中华书局2005年版,第3097页。

④ [清]顾祖禹著:《读史方舆纪要》,中华书局2005年版,第5851页。

⑤ [唐]李白:《蜀道难》,萧涤非等著:《唐诗鉴赏辞典》,上海辞书出版社2004年版,第218页。

的成败"[1]，诸葛亮数次北伐屡战屡败，刘备伐吴受阻于宜昌城下，非兵不勇也，此乃路途险困，天路不助其仰攻，故而力所不逮也。胡阿祥等学者解释说：

四川盆地就像一口巨大的井，割据者进去便出不来，甚至不想出来，而这又与盆地的地形、位置及物力有关。盆地地形虽有利于防守，却也阻碍着其向外的领土扩张。就地理位置来说，巴蜀的偏僻与闭塞常常使其难以在天下纷争中发挥一锤定音的作用；繁荣的经济、富足的物资产生的消极影响，是在满足割据者奢侈生活的需要的同时，又使其不思进取。巴蜀之地因此成为中国历史上最典型的坐守区域。[2]

故此，清人欧阳直在《蜀警录》中慨叹："天下未乱蜀先乱，天下已治蜀后治。"[3]

张国焘要南下川康地区，而四川的地形就像个盆子——毛泽东称之为捉鳖之"瓮"，由此进入中原只有两个出口，一个是重庆，另一个是汉中。从汉中东出，就进入南阳盆地，由此北上就可直取洛阳。刘秀就是从那里起家的。这就是说，要想在四川能成点事，重庆和汉中这两个地方必须控制。当时张国焘一定要回四川。毛泽东知道，历史上蒙古人入川，结果大汗蒙哥死在重庆钓鱼城下。另

---

① ［美］马汉著，萧伟中、梅然译：《海权论》，中国言实出版社 1997 年版，第 260 页。

② 胡阿祥、彭安玉、郭黎安著：《兵家必争之地》，海南出版社 2007 年版，第 76 页。

③ ［清］欧阳直：《蜀警录》，载何锐等点校：《张献忠剿四川实录》，巴蜀书社 2002 年版，第184 页。

一个例子是乾隆曾举四川全省之财力远征西康的大小金川，也是不了了之。这些张国焘不懂又自以为是，自然与毛泽东说不到一起。

四川在中国地缘政治中是有其特殊性的。历史上有两个姓张的人对四川形势认识肤浅而又有执着入川的情结：一个是张献忠，1640 年率部进兵四川，1644 年在成都建立大西政权，把钱沉入河底①，1646 年与南下入川的清军作战全军覆没。另一个就是张国焘，得亏被毛泽东从四川拉出来，不然 1937 年年底蒋介石迁都重庆后，张国焘的结局不会比张献忠更好。

但当时不少人不敢怀疑张国焘的方案有错误，部分原因是他自带的"光环"。他受到过列宁的接见②，而且据他回忆，他是中国共产党中央委员中唯一见过列宁的人；再加上他又曾出席中共第一次全国代表大会，同时他还与李达、董必武等人负责起草党纲和决议草案。在最后一次会议上，他被选举为中央局成员之一，负责党的组织工作。③ 在实践上，他搞陕南根据地搞得还不错。就这样，很少人，甚至连张国焘自己也不会认为他会在红军发展方向问题上犯重大错误，但是，在新的实践面前，错了就是错了。错误与光环多少无关，只与对中国实践的认识深浅有关。

毛泽东与王明、张国焘的斗争并不涉及共产主义世界观，而是涉及为实现共产主义的方式。他们那代人都是敢于斗争的，但差别就在于是否善于斗争。在这方面，他们都读了不少书，但毛泽东读

---

① 2015 年年底，相关机构专家对江口沉银遗址出水文物进行了鉴定，基本确认眉山市彭山区"江口沉银遗址"为历史记载的张献忠沉银中心区域之一。其后发现了张献忠的金封册，经鉴定为国家一级文物。

② 周尚文主编：《中国共产党创建史》，上海人民出版社 1991 年版，第 315 页。

③ 徐云根主编：《中共一大会址纪念馆故事》，南京出版社 2014 年版，第 78 页。

得最活，特别是他比其他人更懂得结合中国实际。

　　比如毛泽东青年时喜欢读《三国演义》①，他可以将书中的知识应用于革命实践。大家都知道曹操于215年拿下汉中又让出汉中，为什么？守不住。因为同年即215年，刘备已拿下了成都，从成都北进汉中必赢，为什么？因为刘备的物资运输比曹操方便。打仗就是拼资源。曹操得从陕西翻山运载物资，刘备则在家门口运输物资。所以，刘备拿下成都后，曹操就赶快退到秦岭之上，把汉中交还给张鲁。219年，刘备轻取汉中，就把张鲁消灭了。印度地势与四川相似，印度之于中国藏南易于实际控制，因为南上的资源运输线较短，较北下辎重补给更为便利。对北方中国防御而言，能够保证战争胜利的补给线陡长，因而南下容易控制难。据《资治通鉴》记载，曹操取得汉中后，刘晔曾向曹操建议："蜀民既定，据险守要，则不可犯矣。今不取，必为后忧。"②毛泽东在读到这一段时，在页旁批注："不可信。"③毛泽东在读《魏书·刘表传》时批注："做土皇帝，

───────────────

① 1965年8月5日，毛泽东接见印尼共产党主席艾地率领的代表团，在被问到在打仗之前是否看过军事著作时，毛泽东回答说："一本也没有看过。《三国演义》我看过，《孙子兵法》没有看过。打过仗以后，那是到了西北之后，为了总结经验，看了一些中国的、外国的军事书。书是靠不住的，主要是要创造自己的经验。"中共中央文献研究室编：《毛泽东年谱（1949—1976）》第5卷，中央文献出版社2013年版，第518页。

② 丞相主簿司马懿言于操曰："刘备以诈力虏刘璋，蜀人未附，而远争江陵，此机不可失也。今克汉中，益州震动，进兵临之，势必瓦解。圣人不能违时，亦不可失时也。"操曰："人苦无足，既得陇，复望蜀邪！"刘晔曰："刘备，人杰也，有度而迟；得蜀日浅，蜀人未恃也。今破汉中，蜀人震恐，其势自倾。以公之神明，因其倾而压之，无不克也。若少缓之，诸葛亮明于治国而为相，关羽、张飞勇冠三军而为将，蜀民既定，据险守要，则不可犯矣。今不取，必为后忧。"操不从。居七日，蜀降者说："蜀中一日数十惊，守将虽斩之而不能安也。"操问晔曰："今尚可击不？"晔曰："今已小定，未可击也。"乃还。［宋］司马光编著：《资治通鉴》卷六十七《汉纪五十九·献帝建安二十年》，中华书局1956年版，第2140页。

③ 中共中央文献研究室编：《毛泽东读文史古籍批语集》，中央文献出版社1993年版，第291页。

孟德不为。"①

　　为什么要讲这一点？结合 1962 年中印自卫反击战来看，毛泽东称"这次是打了一个军事政治仗，或者叫政治军事仗"。从军事角度来看，1962 年，尼赫鲁在这个地方骚扰我们，坚持所谓的"麦克马洪线"，基辛格说："中印边界冲突中，军事后勤条件对印度有利，因为喜马拉雅山离中国的力量中心过于遥远。"②他说的对不对呢？是对的，因为没有充足的补给线，山高路险，进易退难，印度一旦逆推回来，我们就危险了。毛主席这一仗打得非常好，动如脱兔，静如处子，有理有节。与古巴导弹危机同起同落，让美苏根本插不上手。在这里，毛泽东遇到的也是曹操攻取汉中后面对的守不住的问题。遵义会议上凯丰说毛泽东打仗的方法不高明③，是照着两本书去打的，一本是《三国演义》，另一本是《孙子兵法》。但不管读什么书，能将书读活才是本事。毛泽东将《三国演义》这本书读活了。而王明那些人读的是马列的书，却将书读死了。1964 年毛泽东在《贺新郎·读史》中说："五帝三皇神圣事，骗了无涯过客。"④陈独秀、王明、张国焘等都属于被苏联那些"五帝三皇"骗了的"无涯过客"。最终，中央红军选择了毛泽东的北上路线。两年后，也就是 1937 年年底，蒋介石迁都重庆。这时再看张国焘南下入川的方案，

----

① 中共中央文献研究室编：《毛泽东读文史古籍批语集》，中央文献出版社 1993 年版，第 141 页。

② ［美］亨利·基辛格著，胡利平等译：《论中国》，中信出版社 2012 年版，第 200 页。

③ 1962 年 1 月 12 日，毛泽东会见日本社会党顾问铃木茂三郎率领的访华代表团时说："遵义会议时，凯丰说我打仗的方法不高明，是照着两本书去打的，一本是《三国演义》，另一本是《孙子兵法》。其实，打仗的事，怎么照书本去打？那时，这两本书，我只看过一本——《三国演义》。另一本《孙子兵法》当时我并没有看过。"金冲及主编：《毛泽东传（1893—1949）》，中央文献出版社 2004 年版，第 354 页。

④ 毛泽东：《贺新郎·读史》（1964 年春），吴正裕主编，李捷、陈晋副主编：《毛泽东诗词全编鉴赏》，中央文献出版社 2003 年版，第 378 页。

真让人倒吸一口凉气。

现在回头分析，张国焘南下入川方案的优点与诸葛亮《隆中对》中定都川西成都的思路大体一致，是战术性的；其缺点却是战略性的，它只是在用一种假设的心理预期来掩盖其偏安一隅、回避靠近并待机进取中原夺取全国政权的战略性错误。往好处说，是张国焘对中国地缘政治的研究缺乏历史感；往坏处说，就是"山头主义"心理倾向。张国焘曾就红军发展方向询问徐向前："去汉中行不行？"徐向前回答说："我们再向南部一带发展，有很大困难。汉中地区是块盆地，南面有巴山，北面有秦岭，回旋余地不大，去不得的。"① 后来徐向前总结说：

张国焘的南下方针，虽然从战术上看，不无可取之处，但从战略上看，这一方针，不仅会使党和红军退处川康边的偏僻之地，失去迅速发展壮大的机会，而且更重要的是，会使党的力量远远脱离全国抗日图存的革命高潮，无法负担自己对全国革命的领导重任。张国焘反对北进，坚持南下，是同他对整个革命形势的右倾悲观估计，即革命处在两个高潮之间的错误观点分不开的。②

1965年5月26日，毛泽东重上井冈山，晚上与汪东兴说起这段往事：

这次上井冈山，往事都想起来了，有些事情还想说一说。我们

① 徐向前：《历史的回顾》（中），解放军出版社1985年版，第384页。
② 徐向前：《历史的回顾》（中），解放军出版社1985年版，第455页。

军队里也不是那么纯，军队里也有派嘛！几十年来经常有人闹乱子，最大的闹乱子是张国焘。一、四方面军会合时，一方面军有三万人，四方面军有八万人，张国焘说他的人多，队伍要听他的。其实人多人少不是关键问题，要紧的是问题的本质，是你的路线正确不正确。长征中正确的路线应该是先向陕北，再向华北、东北。人少不怕，比如一方面军长征到达陕北时只剩下八千人[①]，坚持正确的路线，保留了革命的种子，后来建立了陕甘宁根据地，队伍又壮大了。[②]

1959 年 10 月 1 日，毛泽东在与外国友人谈话时说："今天颂扬长征的胜利，不能忘了三十万人打得只剩下两万六七千的教训。"真理是由对立面推送出来的，对真理的理解也更多的是从对真理的对立面的认识开始的。看到上述长征"困难的一面"，现在我们再读1973 年 7 月 17 日毛泽东关于《长征》这首诗对杨振宁所说的话，才能理解毛泽东所说的诗中只"讲了一个片面"，即没有充分表达出来的长征途中的"跟蒋委员长斗争、跟内部斗争"这些"困难的一面"。认识了长征路上的路线斗争的艰巨性及其产生的原因，尤其是

---

① 这里的"八千人"指的是中央红军一方面军的人数。1935 年 9 月，在张国焘企图危害中央的情况下，中共中央为贯彻北上方针，避免红军内部可能发生的冲突，决定率领红一方面军的第 1、第 3 军（原第 1、第 3 军团）编为陕甘支队北上。1935 年 10 月，陕甘支队到达陕北吴起镇，此时的兵力总数 7000 余人。1935 年 11 月，恢复红一方面军番号，红 15 军团编入红一方面军。红一方面军下辖红 1 军团、红 15 军团，全军共 1 万余人。1962 年 1 月 30 日，毛泽东在扩大的中央工作会议上说："土地革命战争曾经取得了很大的胜利，红军发展到三十万人，后来又遭到挫折，经过长征，这三十万人缩小到两万多人，到陕北以后补充了一点，还是不到三万人，就是说不到三十万的十分之一。"毛泽东：《在扩大的中央会议上讲话》（1962 年 1 月 30 日），中共中央文献研究室编：《毛泽东文集》第 8 卷，人民出版社 1999 年版，第 299 页。
② 中共中央文献研究室编：《毛泽东年谱（1949—1976）》第 5 卷，中央文献出版社 2013 年版，第 495—496 页。

地缘政治缘由，我们才能比较全面、完整、准确地理解《长征》这首诗的内涵，并尽量减少毛泽东批评的"有些注释不大对头"的失误，并尽量消除毛泽东"过百把年以后，对我们这些都不懂了"的担忧。

第四章

崛起，战略与策略

从 1934 年 10 月起，中央红军主力从中央革命根据地出发进行战略大转移，经过福建、江西、广东、湖南、广西、贵州、四川、云南、西康、甘肃、陕西等 11 省，击溃了敌人多次的围追堵截，战胜了军事上、政治上和自然界的无数艰险，行军二万五千里，终于在 1935 年 10 月到达陕北革命根据地。毛泽东总结说：

从党的建立到抗日战争时期，中间有北伐战争和十年土地革命战争。我们经过两次胜利，两次失败。北伐战争胜利了，但是到一九二七年，革命遭到了失败。土地革命战争曾经取得了很大的胜利，红军发展到三十万人，后来又遭到挫折，经过长征，这三十万人缩小到两万多人，到陕北以后补充了一点，还是不到三万人，就是说，不到三十万人的十分之一。究竟是那三十万人的军队强些，还是这不到三万人的军队强些？我们受了那样大的挫折，吃过那样大的苦头，就得到锻炼，有了经验，纠正了错误路线，恢复了正确路线，所以这不到三万人的军队，比起过去那三十万人的军队来，

红军不怕远征难，万水千山只等闲。

五岭逶迤腾细浪，乌蒙磅礴走泥丸。

金沙水拍云崖暖，大渡桥横铁索寒。

更喜岷山千里雪，三军过后尽开颜。

毛泽东

要更强些。[①]

长征一路走来，到陕北率领着仅有不到两万人马的毛泽东对中国革命形势和规律的认识及其战略张力也达到一个新的高峰。

历史大道：

《七律·长征》

从湘江战役至长征结束，其间毛泽东进入诗词创作高峰期，在一个月里写了《七律·长征》《念奴娇·昆仑》《清平乐·六盘山》3 首，4 个月后又写下雄视千古的《沁园春·雪》，时间短，篇数不多，但在毛泽东诗词中占据的地位极重。更值得注意的是，1935 年10 月到达陕北的中央红军仅有约 8000 人，而且缺衣少食、兵困马乏，可正是在这一时期，毛泽东诗词的张力达到了前所未有的高度。1935 年 10 月，过了岷山，长征即将取得胜利，毛泽东心情豁然开朗，作《七律·长征》。

七律·长征 [②]

（1935 年 10 月）

红军不怕远征难，万水千山只等闲。

---

① 毛泽东：《在扩大的中央会议上讲话》（1962 年 1 月 30 日），中共中央文献研究室编：《毛泽东文集》第 8 卷，人民出版社 1999 年版，第 299 页。

② 吴正裕主编，李捷、陈晋副主编：《毛泽东诗词全编鉴赏》，中央文献出版社 2003 年版，第144 页。

五岭逶迤腾细浪，乌蒙磅礴走泥丸。

金沙水拍云崖暖，大渡桥横铁索寒。

更喜岷山千里雪，三军过后尽开颜。

　　为什么"尽开颜"？这不能仅仅以度过困难期为解释，还要从历史大道来解释。今天回头看，长征路上毛泽东与张国焘关于北上还是南下的争论并以红军北上为结果，这实在是符合"天道"，即符合中国地缘政治和中国革命规律的伟大抉择——用司马迁的话概括就是"非必险固便形势利也，盖若天所助焉"①。也就是说，长征路上的艰险最难的不是地势"险固"，而是"天险"跨越，过了岷山就进入了"盖天所助"大道。当年中国共产党的胜利，有"人谋"的因素，更有顺应"天命"即历史规律的成分。1935 年 10 月中旬，毛泽东途经甘肃、陕西两省分水岭，对身边的工作人员说："从江西算起到现在，我们已经走过了十个省，走下山去，就进入第十一个省——陕西省了，那里就是我们的根据地，我们的家了。"②这与司马迁那句神谕式的断言——"东方物所始生，西方物之成孰。夫作事者必于东南，收功实者常于西北。"③——不谋而合。

　　司马迁的这句谕言与《易经·说卦》"帝出乎震（东），齐乎巽

---

① "秦始小国僻远，诸夏宾之，比于戎翟，至献公之后常雄诸侯。论秦之德义不如鲁卫之暴戾者，量秦之兵不如三晋之强也，然卒并天下，非必险固便形势利也，盖若天所助焉。"司马迁：《六国年表第三》，许嘉璐主编：《二十四史全译·史记》第一册，汉语大词典出版社 2004 年版，第 247 页。

② 中共中央文献研究室编：《毛泽东年谱（1893—1949）》上卷，中央文献出版社 2013 年版，第 479 页。

③ 司马迁：《六国年表第三》，许嘉璐主编：《二十四史全译·史记》第一册，汉语大词典出版社 2004 年版，第 247—248 页。

(东南)，相见乎离（南方），致役乎坤（西南），说言乎兑（西），战乎乾（西北），劳乎坎（正北），成言乎艮（东北）"[1]的谕言高度相合。"说言乎兑"，兑卦既有"沼泽"的表征，又有"西边"和"喜悦"的双重含义[2]。"成言乎艮"，《易经·说卦》："艮，东北之卦也，万物之所成终而所成始也。故曰成言乎艮。"南怀瑾解释说："艮，是东北的卦位，是万物所成终结的地方，也是万物的开始的地方，所以说成就是在艮卦。"[3]有意思的是，此线正与毛泽东率军从东南（瑞金）开始，经正南（湘江）、西南（云贵），北上甘陕至延安，后东移河北西柏坡，再至东北后终取天下的路线相一致。过了雪山和沼泽地，进入了岷山，就等于越了"天险"中最艰难的地段，进入"盖若天所助焉"的新天地，两个月后，毛泽东就长征的意义作了精彩的总结，他说：

　　讲到长征，请问有什么意义呢？我们说，长征是历史纪录上的第一次，长征是宣言书，长征是宣传队，长征是播种机。自从盘古开天地，三皇五帝到于今，历史上曾经有过我们这样的长征吗？十二个月光阴中间，天上每日几十架飞机侦察轰炸，地下几十万大军围追堵截，路上遇着了说不尽的艰难险阻，我们却开动了每人的两只脚，长驱二万余里，纵横十一个省。请问历史上曾有过我们这样的长征吗？没有，从来没有的。长征又是宣言书。它向全世界宣

---

① 南怀瑾、徐芹庭译注：《白话易经》，岳麓书社1988年版，第407页。其中各卦方位解释，详见陈鼓应、赵建伟：《周易今注今译》，商务印书馆2005年版，第710—714页。
② 兑，八卦之一，象征沼泽，古通"说（悦）"。吴昌恒等编：《古今汉语实用词典》，四川人民出版社1989年版，第225页。
③ 南怀瑾、徐芹庭译注：《白话易经》，岳麓书社1988年版，第408页。

告，红军是英雄好汉，帝国主义者和他们的走狗蒋介石等辈则是完全无用的。长征宣告了帝国主义和蒋介石围追堵截的破产。长征又是宣传队。它向十一个省内大约两万万人民宣布，只有红军的道路，才是解放他们的道路。不因此一举，那么广大的民众怎会如此迅速地知道世界上还有红军这样一篇大道理呢？长征又是播种机。它散布了许多种子在十一个省内，发芽、长叶、开花、结果，将来是会有收获的。总而言之，长征是以我们胜利、敌人失败的结果而告结束。谁使长征胜利的呢？是共产党。没有共产党，这样的长征是不可能设想的。中国共产党，它的领导机关，它的干部，它的党员，是不怕任何艰难困苦的。谁怀疑我们领导革命战争的能力，谁就会陷进机会主义的泥坑里去。长征一完结，新局面就开始。直罗镇一仗，中央红军同西北红军兄弟般的团结，粉碎了卖国贼蒋介石向着陕甘边区的"围剿"，给党中央把全国革命大本营放在西北的任务，举行了一个奠基礼。①

毛泽东这段文字落脚在"长征一完结，新局面就开始"，长征完成了"党中央把全国革命大本营放西北"的任务，并说直罗镇一仗是"给党中央把全国革命大本营放西北的任务，举行了一个奠基礼"。1945 年 4 月 21 日，毛泽东在党的七大召开前夕说："我说陕北是两点，一个是落脚点，一个是出发点。"②两个月前，毛泽东还用

---

① 毛泽东：《论反对日本帝国主义的策略》（1935 年 12 月 27 日），《毛泽东选集》第 1 卷，人民出版社 1991 年版，第 149—150 页。

② 毛泽东：《中国共产党第七次全国代表大会的工作方针》（1945 年 4 月 21 日），中共中央文献研究室编：《毛泽东文集》第 3 卷，人民出版社 1996 年版，第 297 页。

"起承转合"的"枢纽"来定位陕甘宁边区的地缘政治作用，他说："陕甘宁边区的作用非常大，我说它是中国革命的一个枢纽，中国革命的起承转合点。长征结束以后，起是从这个地方起的，转也是从这个地方转的。"①

这是很有中华传统文化底蕴的表述，与司马迁"收功实者常于西北"的谕言更是古今神交。明乎此，就理解了毛泽东"更喜岷山千里雪，三军过后尽开颜"诗中那天地般广大的情怀。1945 年日本投降前夕，毛泽东把目光投向东北。5 月 1 日，毛泽东在中国共产党第七次代表大会上所作的关于政治报告讨论的结论时明确指出："东北四省②极重要，有可能在我们的领导下。有了东北四省，我们即有了胜利的基础。"③ 1965 年 5 月 26 日，毛泽东在井冈山同汪东兴谈到张国焘时说："长征中正确的路线就应该是先向陕北，再向华北、东北。"

毛泽东说的路线也与中国地缘政治规律相合。④明乎此，也就明白了越过岷山后毛泽东"尽开颜"的心情有着很深厚的历史和文化张力。1958 年 12 月，毛泽东为《七律·长征》这首诗批注说："万里长征，千回百折，顺利少于困难不知有多少倍，心情是沉郁的。

---

① 毛泽东：《时局问题及其他》（1945 年 2 月 15 日），中共中央文献研究室编：《毛泽东文集》第 3 卷，人民出版社 1996 年版，第 265 页。

② 四省是指中华民国时期的东北三省：奉天（辽宁、内蒙古通辽、内蒙古兴安盟）、吉林（吉林和黑龙江东部）、黑龙江（黑龙江中西部和内蒙古呼伦贝尔），再加上热河省。

③ 中共中央文献研究室编：《毛泽东年谱（1893—1949）》中卷，中央文献出版社 2013 年版，第 602 页。

④ 有意思的是，中国人民"站起来"的革命路径和中国人民"富起来"的建设路径都是从东南开始，"收功实者常于西北"，可以肯定，今后中国"强起来"的路径还必将如此。

过了岷山，豁然开朗，转化到了反面，柳暗花明又一村了。"①

新中国必将崛起：

《念奴娇·昆仑》《念奴娇·鸟儿问答》

1935年，毛泽东除了心情"尽开颜"之外，其诗词的战略张力更是直逼九霄。1935年10月，《七律·长征》之后，毛泽东又作《念奴娇·昆仑》：

念奴娇·昆仑②

（1935年10月）

横空出世，莽昆仑，阅尽人间春色。飞起玉龙三百万，搅得周天寒彻。夏日消溶，江河横溢，人或为鱼鳖。千秋功罪，谁人曾与评说？

而今我谓昆仑：不要这高，不要这多雪。安得倚天抽宝剑，把汝裁为三截？一截遗欧，一截赠美，一截还东国。太平世界，环球同此凉热。

"横空出世，莽昆仑，阅尽人间春色"，1935年10月，刚走过

---

① 中共中央文献研究室编：《毛泽东年谱（1893—1949）》上卷，中央文献出版社2013年版，第449页。

② 吴正裕主编，李捷、陈晋副主编：《毛泽东诗词全编鉴赏》，中央文献出版社2003年版，第157页。

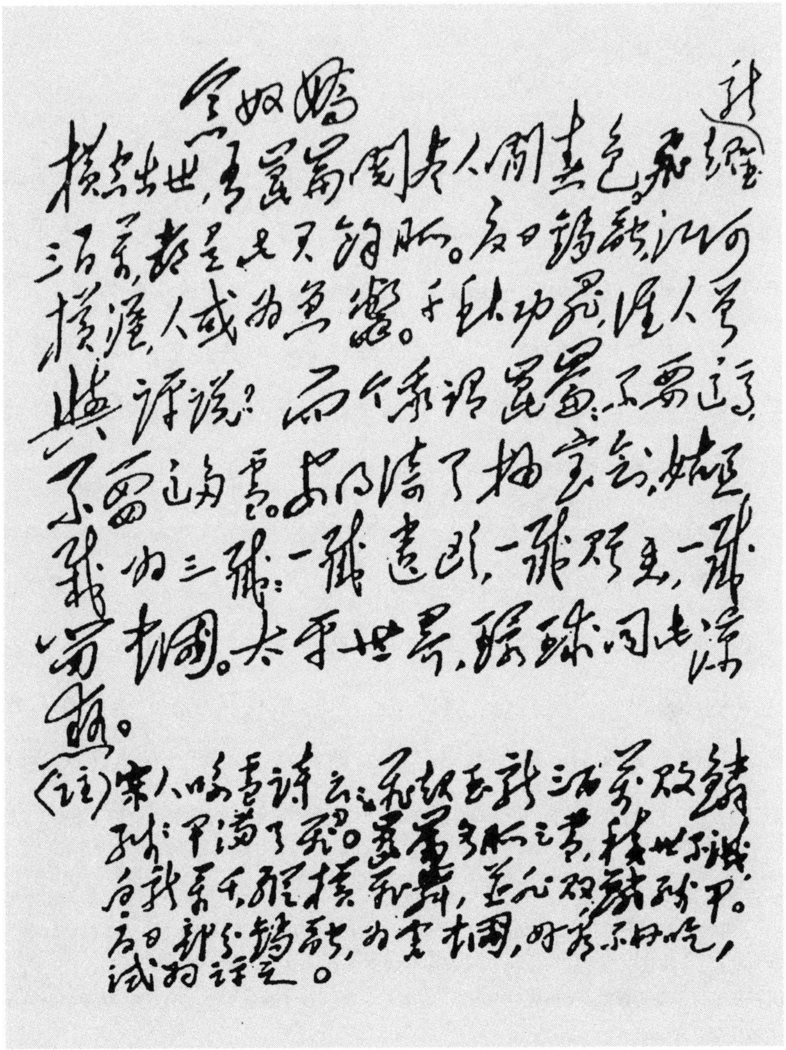

念奴娇

长征，带领着仅剩不足两万人的部队①的毛泽东，却在此时预见到新中国必将在中国共产党手中崛起，并于两个月后在瓦窑堡明确提出不但是代表工农的，而且是代表全民族的"人民共和国"的概念。1935年12月27日，毛泽东在瓦窑堡作的《论反对日本帝国主义的策略》报告中说：

如果说，我们过去的政府是工人、农民和城市小资产阶级联盟的政府，那末，从现在起，应当改变为除了工人、农民和城市小资产阶级以外，还要加上一切其他阶级中愿意参加民族革命的分子。②

现时革命方面的特点，是有了经过锻炼的共产党，又有了经过锻炼的红军。这是一件极关重要的事。如果现时还没有经过锻炼的共产党和红军，那就将发生极大的困难。③

为什么要把工农共和国改变为人民共和国呢？

我们的政府不但是代表工农的，而且是代表民族的。这个意义，是在工农民主共和国的口号里原来就包括了的，因为工人、农民占了全民族人口的百分之八十至九十。我们党的第六次全国代表大会所规定的十大政纲，不但代表了工农的利益，同时也代表了民族的利益。但是现在的情况，使得我们要把这个口号改变一下，改变为

---

① "当时军委对下属各部人员的统计是：红一方面军和军委直属队共2.2万人（包括红军大学800人）；陕甘宁地方红军8000人（另外在陕南有2000人）；红二方面军1.1万人；红四方面军及总司令部直属队3.8万人。"徐焰、薛国安主编：《你了解红军长征吗？》，解放军出版社2016年版，第260页。

② 毛泽东：《论反对日本帝国主义的策略》（1935年12月27日），《毛泽东选集》第1卷，人民出版社1991年版，第156页。

③ 毛泽东：《论反对日本帝国主义的策略》（1935年12月27日），《毛泽东选集》第1卷，人民出版社1991年版，第156页。

人民共和国。这是因为日本侵略的情况变动了中国的阶级关系，不但小资产阶级，而且民族资产阶级，有了参加抗日斗争的可能性。

那是没有问题的，人民共和国不代表敌对阶级的利益。相反，人民共和国同帝国主义的走狗豪绅买办阶级是处在正相反对的地位，它不把那些成分放在所谓人民之列。这和蒋介石的"中华民国国民政府"，仅仅代表最大的富翁，并不代表老百姓，并不把老百姓放在所谓"国民"之列，是一样的。中国百分之八十至九十的人口是工人和农民，所以人民共和国应当首先代表工人和农民的利益。但是人民共和国去掉帝国主义的压迫，使中国自由独立，去掉地主的压迫，使中国离开半封建制度，这些事情就不但使工农得了利益，也使其他人民得了利益。总括工农及其他人民的全部利益，就构成了中华民族的利益。买办阶级和地主阶级虽然也住在中国的土地上，可是他们是不顾民族利益的，他们的利益是同多数人的利益相冲突的。我们仅仅离开他们这些少数人，仅仅同他们这些少数人相冲突，所以我们有权利称我们自己是代表全民族的。[①]

《毛泽东选集》第1卷对毛泽东这时提出的"人民共和国"的条件、范围及其向中华人民共和国转变的过程作了明确解释：

毛泽东在这里所提出的人民共和国性质的政权及其各项政策，在抗日战争期间，已经在共产党领导下的人民解放区完全实现了。因此，共产党能够在敌后战场领导人民对日本侵略者进行胜利的战争。

---

① 毛泽东：《论反对日本帝国主义的策略》（1935 年 12 月 27 日），《毛泽东选集》第 1 卷，人民出版社 1991 年版，第 158—159 页。

在日本投降以后爆发的第三次国内革命战争中，随着战争的进展，人民解放区逐步扩大到整个中国大陆，这样就出了统一的中华人民共和国。毛泽东关于人民共和国的理想，就在全国范围内实现了。[1]

1936年7月15日，毛泽东会见斯诺，回答他关于苏维埃政府对外政策的问题时说："我们几万万的人民，一旦获得真正的解放，把他们巨大的潜在的生产力用在各方面创造性的活动上，能够帮助改善全世界经济和提高世界文化水准。一个独立自由的中国，对全世界将有伟大的贡献。"[2]

1936年9月15、16日，鉴于建立抗日民族统一战线的需要，中共中央政治局进一步提出"民主共和国"的概念，毛泽东指出："民主共和国一定要在群众运动、红军和苏维埃不断扩大的条件下，才能建立起来。"[3] 9月17日，中共中央政治局作出《中央关于抗日救亡运动的新形势与民主共和国的决议》[4]。

毛泽东于1936年12月为次年国共两党祭黄帝陵活动作的《祭黄帝陵文》一诗的开篇就是"赫赫始祖，吾华肇造；胄衍祀绵，岳

---

① 毛泽东：《论反对日本帝国主义的策略》（1935年12月27日），《毛泽东选集》第1卷，人民出版社1991年版，第167—168页。

② 中共中央文献研究室编：《毛泽东年谱（1893—1949）》上卷，中央文献出版社2013年版，第558页。

③ 中共中央文献研究室编：《毛泽东年谱（1893—1949）》上卷，中央文献出版社2013年版，第580页。

④ 中共中央文献研究室编：《毛泽东年谱（1893—1949）》上卷，中央文献出版社2013年版，第580页。

峨河浩。聪明睿知，光被遐荒；建此伟业，雄立东方"①，这几句与一年前"横空出世，莽昆仑，阅尽人间春色"可视为同义表述。

"横空出世，莽昆仑，阅尽人间春色"，明示中国历史悠久，新的中国必将"横空出世"，崛起于世界东方。"飞起玉龙三百万，搅得周天寒彻。夏日消溶，江河横溢，人或为鱼鳖"，这在说新中国的崛起将对旧世界造成大冲击。这气势如毛泽东喜欢的大闹天宫的孙悟空和怒触不周山的共工。毛泽东说："共工是胜利的英雄。"②来到陕北的红军都是未来新中国将"赖以挂其间"的共工的后代，他们的奋斗一定会创造一个新的中国，新中国的崛起对旧世界也会造成"天倾西北，故日月星辰移焉"③的大变局。1945年4月21日，毛泽东在党的七大预备会议上回忆说：

我们开始的时候，也是很小的小组。这次大会发给我一张表，

① 毛泽东《祭黄帝陵文》（1937年3月）："赫赫始祖，吾华肇造。胄衍祀绵，岳峨河浩。聪明睿知，光被遐荒。建此伟业，雄立东方。世变沧桑，中更蹉跌。越数千年，强邻蔑德。琉台不守，三韩为墟。辽海燕冀，汉奸何多！以地事敌，敌欲岂足。人执笞绳，我为奴辱。懿维我祖，命世之英。涿鹿奋战，区宇以宁。岂其苗裔，不武如斯。泱泱大国，让其沦胥。东等不才，剑屦俱奋。万里崎岖，为国效命。频年苦斗，备历险夷。匈奴未灭，何以家为。各党各界，团结坚固。不论军民，不分贫富。民族阵线，救国良方。四万万众，坚决抵抗。民主共和，改革内政。亿兆一心，战则必胜。还我河山，卫我国权。此物此志，永矢勿谖。经武整军，昭告列祖。实鉴临之，皇天后土。尚飨！"吴正裕主编，李捷、陈晋副主编：《毛泽东诗词全编鉴赏》，人民文学出版社2017年版，第522—523页。
② 毛泽东说："我取《淮南子·天文训》，共工是胜利的英雄。你看，'怒而触不周之山，天柱折，地维绝。天倾西北，故日月星辰移焉；地不满西南，故水潦尘埃归焉。'他死了没有？没有说。看来是没有死。共工确实是胜利了。"中共中央文献研究室编：《毛泽东诗词集》，中央文献出版社1996年版，第18页。
③ 《淮南子·天文训》称："昔者共工与颛顼争为帝，怒而触不周之山，天柱折，地维绝。天倾西北，故日月星辰移焉；地不满东南，故水潦尘埃归焉。"张双棣撰：《淮南子校释》（全二册），北京大学出版社1997年版，第245页。

其中一项要填何人介绍入党。我说我没有介绍人。我们那时候就是自己搞的，知道的事也并不多，可谓年幼无知，不知世事。但是这以后二十四年就不得了，翻天覆地！整个世界也是翻天覆地的。中国是翻天覆地的二十四年，世界是翻天覆地的二十八年。这二十八年是苏联共产党取得革命胜利后的二十八年，中国共产党的二十四年也是同过去大不相同的二十四年。这一点是要使广大人民知道的。①

1962 年 1 月 30 日，毛泽东告诫全党同志：

从现在起，五十年内外到一百年内外，是世界上社会制度彻底变化的伟大时代，是一个翻天覆地的时代，是过去任何一个历史时代都不能比拟的。处在这样一个时代，我们必须准备进行同过去时代的斗争形式有着许多不同特点的伟大的斗争。②

1965 年，毛泽东再取"念奴娇"词牌作《念奴娇·鸟儿问答》，描述了世界出现的"炮火连天，弹痕遍地"的场景，告诉被吓倒的"蓬间雀""试看天地翻覆"③。这些都是"飞起玉龙三百万，搅得周天寒彻。夏日消溶，江河横溢，人或为鱼鳖"场景的重复描述。在

---

① 毛泽东：《中国共产党第七次全国代表大会的工作方针》（1945 年 4 月 21 日），中共中央文献研究室编：《毛泽东文集》第 3 卷，人民出版社 1996 年版，第 291—292 页。

② 毛泽东：《在扩大的中央工作会议上的讲话》（1962 年 1 月 30 日），《建国以来毛泽东文稿》（第 10 册），中央文献出版社 1996 年版，第 32 页。

③ 毛泽东：吴正裕主编，李捷、陈晋副主编：《毛泽东诗词全编鉴赏》，中央文献出版社 2003 年版，第 403 页。

毛泽东看来，未来的世界将迎来"社会制度彻底变化的伟大时代"。毛泽东坚信，变化的结局必然是东风压倒西风，社会主义战胜资本主义。

念奴娇·鸟儿问答 [①]

1965 年

　　鲲鹏展翅，九万里，翻动扶摇羊角。背负青天朝下看，都是人间城郭。炮火连天，弹痕遍地，吓倒蓬间雀。怎么得了，哎呀我要飞跃。

　　借问君去何方，雀儿答道：有仙山琼阁。不见前年秋月朗，订了三家条约。还有吃的，土豆烧熟了，再加牛肉。不须放屁！试看天地翻覆。

　　政治大平台推出战略大张力。很难想象，带领长征剩下的仅有不到两万人的疲惫部队来到穷困边远、没有多少资源的陕北的毛泽东，却有即将打出一个新中国的判断，这是何等的战略张力。这种张力与几年前"踏遍青山人未老，风景这边独好" [②] 意境相比已是更上层楼。

　　但是，与当时正在中国东部飙进的日本军国主义分子形成鲜明

---

① 吴正裕主编，李捷、陈晋副主编：《毛泽东诗词全编鉴赏》，中央文献出版社 2003 年版，第403 页。

② 吴正裕主编，李捷、陈晋副主编：《毛泽东诗词全编鉴赏》，中央文献出版社 2003 年版，第105 页。

念奴娇

鸟儿问答

一九六五年五月 起

鲲鹏展翅，九万里，翻动扶摇羊角。背负青天朝下看，都是人民城郭。炮火连天，弹痕遍地，吓倒蓬间雀。怎么得了，哎呀我要飞跃。

借问君去何方，雀儿答道：有仙山琼阁。不见前年秋月朗，订了三家条约。还有吃的，土豆烧熟了，再加牛肉。不须放屁，试看天地翻覆。

对比并最让人折服的是，这时毛泽东的战略张力是有哲学、有边界的，因此可以收放自如。词的后半阕谈的是崛起后的中国将走什么发展道路。毛泽东是一个不畏强权但又知道节制的人。他说"而今我谓昆仑：不要这高，也不要这多雪"，也就是说要守住东亚，不搞霸权；"安得倚天抽宝剑，把汝裁为三截？一截遗欧，一截赠美，一截还东国。太平世界，环球同此凉热"，这是毛泽东地缘政治思想的诗意表述。其中的哲学思想是节制、共富、均衡，而不是像英国、美国和当时的日本那样独吞独占。这是对毛泽东诗词的战略解释，用毛泽东自己的话说就是："主题思想是反对帝国主义，不是别的。"①

但是，目前对于这首词的解释多从"大自然""气吞山河的宣告""对大山的指令"等视角，比如《"昆仑"——自然的人化》一文写道：

"词的下阕，是作者对上阕中提出的问题，通过雄奇的想象所作出的美学回答。

"'而今我谓昆仑'，是对'千秋功罪，谁人曾与评说？'的强劲对接。'而今'是对'千秋'的接榫，'我'是对'谁'的接榫。'当诗人说着我的时候，同时也在指着人类和世界。'（别林斯基）因此，这句词中所说的'谓'，就自然扩化成作为无产阶级自觉代表的诗人和作为人类历史文化象征的昆仑山之间的直接对话。'不要这高，不要这多雪'是气吞山河的宣告，也是对大山的指令，带有不容违拗的威严性，充分显示出无产阶级革命家主宰沉浮的伟力和自信。

---

① 中共中央文献研究室编：《毛泽东年谱（1893—1949）》上卷，中央文献出版社 2013 年版，第 476 页。

"'安得倚天抽宝剑，将汝裁为三截。'诗人借助想象的力量，对高寒多雪的昆仑山重新进行工程性的精心裁制。在这举重若轻地扭转乾坤的'抽'、'裁'二字之中，形象地表达了通过革命斗争去理想地改造世界的远大志向。

"'一截遗欧，一截赠美，一截还东国。'诗人继续发挥雄奇的想象，对裁下的三截大山作出了不偏不倚的处理，让昆仑山所蕴藏的巨大能量在经过兴利除弊的改造后，为全人类共同造福……"[1]

如果这样解释，毛泽东的这首词就与李白和杜甫的诗看不出实质差别了。比如，李白《大猎赋并序》"擢倚天之剑，弯落月之弓。昆仑叱兮可倒，宇宙噫兮增雄"[2]的诗句也有"气吞山河"之势；杜甫"安得广厦千万间，大庇天下寒士俱欢颜"[3]一句，至少不乏朴素共产主义和世界大同的情怀。因此，只有从"政治诗"的视角才能准确理解毛泽东诗词，尤其理解《念奴娇·昆仑》这首词的高远意境。

毛泽东是从"政治诗"的角度来解释这首词的。1958年12月21日，毛泽东对《念奴娇·昆仑》作批注：

> 昆仑：主题思想是反对帝国主义，不是别的。改一句：一截留中国，改为一截还东国。忘记了日本人是不对的。这样，英、美、日都涉及了。别的解释，不合实际。[4]

---

[1] 刘业超:《"昆仑"——自然的人化》，转引自吴正裕主编，李捷、陈晋副主编:《毛泽东诗词全编鉴赏》，中央文献出版社2003年版，第164页。

[2] 〔唐〕李白:《大猎赋并序》，郁贤皓选注:《李白选集》，上海古籍出版社2013年版，第676页。

[3] 〔唐〕杜甫:《茅屋为秋风所破歌》，萧涤非等著:《唐诗鉴赏辞典》，上海辞书出版社2004年版，第532页。

[4] 中共中央文献研究室编:《毛泽东年谱（1893—1949）》上卷，中央文献出版社2013年版，第476页。

"主题思想是反对帝国主义"，用现在的话说就是反对霸权主义——这是毛泽东坚持一生的思想。除此之外，"别的解释，不合实际"。

这说明，毛泽东在长征路上已考虑到未来新中国不能像日本那样再走帝国主义老路，中国崛起后要走一条"深挖洞，广积粮，不称霸"①的路，不学当时正在飙进的日本那样搞世界性扩张的国家发展道路。具体战略就是坚持有限哲学，"一截遗欧，一截赠美，一截还东国"，这样"英、美、日都涉及了"，只有考虑到其他国家人民的利益，才能合理地满足中国的利益，才能实现"环球同此凉热"。在填这首词时，日本已入侵中国。即使如此，毛泽东在1958年12月以直报怨还是说"改一句：一截留中国，改为一截还东国。忘记了日本人是不对的"。

"不称霸"思想在毛泽东青年时代就已形成。1920年11月25日，毛泽东在给张国基②的信中说："取世界主义，而不采殖民政策。世界主义，愿自己好，也愿别人好，质言之，即愿大家好的主义。殖民政策，只愿自己好，不愿别人好，质言之，即损人利己的政策。"③

战略目标须与战略资源和战略能力相匹配，这是毛泽东战略思

---

① 中共中央文献研究室、中国人民解放军军事科学院编：《毛泽东军事文集》第6卷，北京：军事科学出版社、中央文献出版社1993年版，第408页。

② 张国基（1897—1969年），又名颐生，湖南益阳人，毛泽东在湖南省立第一师范学校时的同学，新民学会会员。1927年南昌起义时任中央独立第一师师长。后长期在印度尼西亚从事华侨教育工作。新中国成立后，曾任北京中央文史研究馆馆长、全国侨联常委，北京市侨联副主席，全国侨联主席。中共中央文献研究室、中共湖南省委《毛泽东早期文稿》编辑组：《毛泽东早期文稿》，湖南人民出版社2008年版，第421页。

③ 中共中央文献研究室、中共湖南省委《毛泽东早期文稿》编辑组编：《毛泽东早期文稿》，湖南人民出版社2008年版，第503页。

想的重要特征。战略资源关乎唯物论，战略能力关乎辩证法。唯物论、辩证法是毛泽东唯物史观的两大基本认识原则。毛泽东历来不打远仗。他知道远出打仗要有资源持续递进，铺战线如拉皮筋，皮筋长了就撑不住了，撑不住就一定会崩溃。1927年8月7日，中共中央决定在湘鄂赣边区组织秋收起义。8月23日，中共中央复信中共湖南省委说："中央认为：湖南暴动，可以湘南为一发动点，长沙为一发动点，在宝庆①一带如有可能亦可做一暴动点；'湘中发动，集中军力，扑城取长沙'；湘南，湘中的暴动尽可能地同时发动，免陷一地于孤立。"②8月30日，中共湖南省委就暴动范围问题致信中共中央说："我们是以向长沙暴动为起点，并不是放弃湘南；没有把衡阳做第二个发动点，是因为我们的力量只能做到湘中起来；各县暴动，力量分散了，恐连湘中暴动的计划也不能实现。"③1928年年底，毛泽东在《井冈山的斗争》一文中指出："我们的经验，分兵几乎没有一次不失败，集中兵力以击小于我或等于或稍大于我之敌，则往往胜利。中央指示我们发展的游击区域，纵横数千里，失之太广，这大概是对我们力量估计过大的缘故。"④

毛泽东是根据目标与力量匹配，"集中兵力以击小于我或等于或稍大于我之敌"的原则制定自己的战略方案，同样也用同一原则对敌人力量发展趋势作出准确判断的。

---

① 宝庆，今湖南邵阳。

② 中共中央文献研究室编：《毛泽东年谱（1893—1949）》上卷，中央文献出版社2013年版，第210页。

③ 中共中央文献研究室编：《毛泽东年谱（1893—1949）》上卷，中央文献出版社2013年版，第212页。

④ 毛泽东：《井冈山的斗争》（1928年11月25日），《毛泽东选集》第1卷，人民出版社1991年版，第67页。

1935 年 10 月，面对日本帝国主义侵略的步步逼近，刚到陕北的毛泽东对未来新中国外交政策已有成熟的考虑，就是不走帝国主义扩张的老路。毛泽东不畏强权但又知道节制，他从不把战略目标伸展到能力之外，不想因目标设得过大而让自己不堪重负。抗日战争时期，这个力量有限性的思想成了毛泽东判断中国抗日战争和苏联反德国法西斯战争结局的重要依据。1937 年 7 月，毛泽东在接受埃德加·斯诺采访时说："在占领中国的长期负担的重压下，日本的经济是要崩溃的；在无数次胜负不决的战役的考验下，日本军队的士气是要涣散的。当日本帝国主义的浪潮在中国抗战的暗礁上冲散了以后，中国革命人民中潜藏的大量人力，却还可以输送无数为自己的自由而战斗的战士到前线来。"① 这一思想在 1938 年毛泽东写作《论持久战》时得以系统发挥：

日本的军力、经济力和政治组织力虽强，但这些力量之量的方面不足。日本国度比较地小，其人力、军力、财力、物力均感缺乏，经不起长期的战争。日本统治者想从战争中解决这个困难问题，但同样，将达到其所期求的反面，这就是说，它为解决这个困难问题而发动战争，结果将因战争而增加困难，战争将连它原有的东西也消耗掉。②

日本从 1931 年到 1944 年军费和国民生产总值的关系变化印证

① ［美］埃德加·斯诺著，董乐山译：《红星照耀中国》，《斯诺文集》第 2 卷，新华出版社 1984 年版，第 89 页。
② 毛泽东：《论持久战》，《毛泽东选集》第 2 卷，人民出版社 1991 年版，第 448 页。

了毛泽东的判断是准确的。1931 年，日本军费占国民生产总值的
3.76%；1937 年，日本全面发动侵华战争，这时军费支出在国民生
产总值中占比达到 14%；1941 年，日本军费支出在国民生产总值中
占比达到 28%，当年，日本向美国开战；1942 年其军费支出在国民
生产总值中占比达到 34.6%；1943 年达到 46.7%；1944 年达到了
98.5%。[1] 这也就是说，至 1944 年，日本国民生产总值已近全部投入
战争，由此日本全面失败已不可避免。今天很多年轻人只看到当年
日本人"能打"的方面，其实能打又善于节制使用军事力量的国家
战略才是可持续的。如果不是出于自卫的目的，仅靠打架是赢不了
的。一个身体再好的人，出门见人就打，看他能走多远？相反，一
个武林高手，见人却客客气气的，从不轻易动手，事事为人着想，
后者一定比前者走得更远。

出于同样的视角，毛泽东于 1942 年准确地提出德国法西斯将在
入侵苏联战争中灭亡的判断，他在《第二次世界大战的转折点》一
文中写道：

希特勒进攻苏联的战略企图没有一个不是失败的。在此期间，
希特勒鉴于去夏分兵的失败，集中他的兵力向着南线。然而他尚欲东
断伏尔加，南取高加索，一举达成两个目的，仍然分散了他的兵力。
他尚未计算到他的实力和他的企图之间的不相称，以致"扁担没扎，
两头打塌"，陷入目前的绝路。在相反方面，苏联则是越战越强。斯
大林的英明战略指挥，完全站在主动的地位，处处把希特勒引向灭

---

[1]　刘庭华：《中国抗日战争与第二次世界大战统计》，解放军出版社 2012 年版，第 251 页。

亡。今年冬季开始的第四个阶段，将是希特勒走向死亡的阶段。[1]

1959年3月4日，毛泽东在会见美国共产党中央书记杰克逊时说：

美帝国主义看来好像很强，实际上也是帝国主义中最强的，但也很弱。它的兵力分散得很薄，它在欧洲要驻兵，在亚洲也要驻兵，如此分散，到处都有，结果是到处不顶事。无论从军事、政治、经济方面来看，美国都是扩张得非常大的。它越扩张得大，力量就越分散，反对的人也越多，这样，事情就会向它的意愿的反面发展了。美国就好像一个用双手抱着一堆鸡蛋的人一样，鸡蛋堆得满满的，可是一动都动不得，稍一动鸡蛋就掉下来了。[2]

1973年11月12日，毛泽东在与基辛格会谈时指出了苏联的短板。毛泽东在回应基辛格"目前中东的问题是防止苏联取得统治地位"的看法时说：

苏联那个野心跟它的能力是矛盾的，它要对付这么多方面，从太平洋讲起，有美国，有日本，有中国，有南亚，往西有中东，有欧洲。统共只有一百多万兵，守也不够，何况进攻？要进攻，除非你们放它进来，把中东、欧洲让给它，它才放心。这样才能把兵力往东调。

---

① 毛泽东：《第二次世界大战的转折点》（1942年10月12日），《毛泽东选集》第3卷，人民出版社1991年版，第886页。

② 中共中央文献研究室编：《毛泽东年谱（1949—1976）》第3卷，中央文献出版社2013年版，第621页。

我们也牵制他们一部分兵力，也有利于你们、欧洲、中东。比如在蒙古，它就驻了兵。我的意见是这个苏联野心很大，就是欧洲、亚洲两个洲都想霸占，甚至非洲北部，但是力量不够，困难很大。①

毛泽东将这个思想进一步发展为指导国家外交的基本原则。1972 年 12 月 10 日，尼克松访华后，毛泽东在一个批示中告诫全党："深挖洞，广积粮，不称霸。"② 这也是 1935 年 10 月毛泽东在《念奴娇·昆仑》一词中 "不要这高，不要这多雪"，即目标与力量相匹配的节制战略思想的逻辑延伸。

毛泽东曾经说过："一个民族能在世界上在很长的时间内保存下来，是有理由的，就是因为有其长处及特点。"③ 世界上保持大版图且长时间能保存下来的国家是不多的，中国能保持这么长时间，还真值得研究一下。

毛泽东说："我们的国家，是世界各国中统一历史最长的大国，中间也有过几次分裂，但总是短暂的。"④ 黑格尔也说："假如我们从上述各国的国运来比较它们，那末，只有黄河、长江流过的那个中华帝国是世界上惟一持久的国家。征服无从影响这样的一个帝国。"⑤ 究其因，大概还得从中华民族较高的哲学素养中寻找。毛泽东说：

---

① 中共中央文献研究室编：《毛泽东年谱（1949—1976）》第 6 卷，中央文献出版社 2013 年版，第 503—504 页。

② 中共中央文献研究室、中国人民解放军军事科学院编：《毛泽东军事文集》第六卷，军事科学出版社、中央文献出版社 1993 年版，第 408 页。

③ 中共中央文献研究室、中共西藏自治区委员会、中国藏学研究中心编：《毛泽东西藏工作文选》，中央文献出版社、中国藏学出版社 2001 年版，第 113 页。

④ 中共中央文献研究室编：《毛泽东年谱（1949—1976）》第 6 卷，中央文献出版社 2013 年版，第 588 页。

⑤ ［德］黑格尔著，王造时译：《历史哲学》，上海书店出版社 2001 年版，第 117 页。

"中国应当是辩证法发展的国家。"① 黑格尔也看清了这一点，他说"中国的宗教，亦即度的宗教"，"对这些度及其演化的详细探考，则成为对整个中国哲学和学术的研究"②。毛泽东《念奴娇·昆仑》将辩证法中的"度"的原则淋漓尽致地展现，并将其升华为新中国的战略思想。

近代以来的世界体系是英美人建立的，这个体系目前已是千疮百孔，但它毕竟有过辉煌的历史。美国人曾经羡慕过英国，前些年我们也曾羡慕过美国，羡慕过西方。但是仔细想一想，任何一个国家都没有我们中国这么长的历史，有的人说长历史算什么，问题是长历史还保持这么大的版图是一种能力。中国讲究"久"，久久为功，能长久的才是有力量的。中华民族可以"横空出世"，更难得的是它还可以"阅尽人间春色"。其中一个重要经验就是不搞扩张，坚持"太平世界，环球同此凉热"的世界治理理念。

在这种理念指导下，我们这一代人看到了偌大的苏联帝国因过度扩张而解体了，美帝国也因过度扩张已经衰落了，而昨天还让西方人瞧不起的中国却在这瞬间"横空出世"，让他们刮目相看了。罕有的高浓缩的事件，在我们眼前就像过电影一样，让我们这一代人全看到了。问题在于，中国在这些大变局中更加生机勃勃，其发展持续半个多世纪后仍强劲有力。这是中国共产党带领中国人民奋斗的结果，所以说我们是幸运的，这首先归功于领导我们事业的核心

---

① 中共中央文献研究室编：《毛泽东年谱（1949—1976）》第3卷，中央文献出版社2013年版，第118—119页。

② ［德］黑格尔著，魏庆征译：《宗教哲学》，中国社会出版社2005年版，第199、200页。

力量——中国共产党及其基于实事求是的成熟的国家战略能力①。

在此，需要说明一下，笔者在这里说的美国衰落，不是说作为民族国家的美国衰落，而是说作为帝国的美国衰落。比如苏联帝国②不在了，但是作为民族国家的俄罗斯还在，美国将来也可能仍在，但它已不是帝国了。毛泽东是将"美国"与"美帝国"区别看待的。③

历史经验告诉我们：大国崛起于地区性守成，消失于世界性扩张。凡是能持续发展的大国外交都是守成的，过于扩张一定是要衰落的。古罗马帝国、大英帝国、苏联帝国和今天的美国霸权都是在过度扩张中衰落的。法国启蒙主义思想家孟德斯鸠在其名著《罗马盛衰原因论》中说得好："为了控制人类的野心，大自然给各国定出了某种界限。当罗马人越过了这种界限的时候，帕尔提亚人几乎总

---

① 2023年3月8日，中共中央总书记、国家主席、中央军委主席习近平在出席十四届全国人大一次会议解放军和武警部队代表团全体会议时强调：巩固提高一体化国家战略体系和能力，关键是要在一体化上下功夫，实现国家战略能力最大化。见《人民日报》2023年3月9日。

② "社会帝国主义"，按当时的解释，就是打着"社会主义招牌的帝国主义"，主要是指当时的苏联领导集团。1974年2月25日，毛泽东在会见阿尔及利亚革命委员会主席布迈丁谈话时说："这个世界上是有帝国主义存在，俄国也叫社会帝国主义，这种制度也就酝酿着战争。"中共中央文献研究室编：《毛泽东年谱（1949—1976）》第6卷，中央文献出版社2013年版，第521页。

③ 1961年8月18日、19日，毛泽东在杭州会见巴西友人，谈到美国时说："我说的美国人，指的是美国政府，垄断资本，不是讲美国人民，美国垄断资本不仅对中国人民不友好，对世界各国人民也是不友好的。它不仅压迫社会主义国家，也压迫民族主义国家或争取民族独立的人民。"在谈到中国和巴西的关系时，毛泽东说："现在障碍只有美帝国主义。"在谈到巴西发展时，毛泽东说："为什么北美能有一个美国，南美就不能有一个'美国'，我讲的不是帝国主义，是讲经济、文化上强大的巴西。"1965年11月25日，毛泽东对日本朋友说："我们反对美国帝国主义，只是限于反对帝国主义分子，一定要把美国帝国主义分子同美国人民划分清楚。现在美国人民起来反对他们政府的侵略政策，我们表示高兴，表示欢迎。"1966年8月21日，毛泽东在会见赞比亚友人时说："美帝国主义是我们的对头。我们对美国的了解也是逐步的，就像你们了解英国一样。"中共中央文献研究室编：《毛泽东年谱（1949—1976）》第5卷，中央文献出版社2013年版，第9、543、615页。

是能够把他们歼灭掉，而当帕尔提亚人胆敢踏过这个界限时，结果是他们不得不仍然退回，而在今天，当土耳其人超越这样的界限时，他们也是不得不退回去的。"①

孟德斯鸠从宇宙观角度进一步解释力量有限规律的普遍性，这个规律也是"环球同此凉热"存在的基础。他说："存在着一种和谐，从这种和谐中产生出构成真正和平的幸福。在那里就同这个宇宙的各个部分一样，它们永远是借着一些部分的作用和另一些部分的反作用相互联系在一起的。"②

对毛泽东指出的问题，今天正在走向世界舞台中央的中国，也要严肃对待并引以为戒，不要重复世界帝国的老路。"柔远能迩"③，在保持足够的自卫能力的前提下，用我们的影响力感染世界。这样就不会透支我们的国力；不透支国力，时间就在我们一边，拥有时间的国家才能拥有光辉的未来。

"缚住"蒋家王朝：

《清平乐·六盘山》《沁园春·雪》

六盘山在宁夏回族自治区南部固原县西南，是六盘山山脉的主

---

① ［法］孟德斯鸠著，婉玲译：《罗马盛衰原因论》，商务印书馆1962年版，第29页。

② ［法］孟德斯鸠著，婉玲译：《罗马盛衰的原因论》，商务印书馆1962年版，第51页。

③ 迩，ěr，近也。"柔远能迩"，一般解释是"怀柔远方，优抚近地"，笔者以为似不准确，因为在实践上一味柔让似行不通。孟子都知道"以力假仁者霸，霸必有大国"。柔，这好理解。能，《说文解字》：熊属，能兽坚中。故称贤能而疆壮者称能杰也。《徐曰》坚中，骨节实也。在"能迩"的语境中应理解为"有力"即"贤而疆（强）壮者"，贤，就是政治，贤而疆，就是强有力的政治。由此，"柔远能迩"正确的解释应当是：远处讲政治，近处靠有实力之上的贤能，而不是被动的"怀柔远方，优抚近地"。参阅冀昀主编：《尚书·舜典》，线装书局2007年版，第12页。

峰，险窄的山路盘旋多重才能到达峰顶。毛泽东在 1935 年 9 月中旬率领中央红军进入甘肃省南部，10 月上旬突破敌人的封锁线，打垮了敌人的骑兵部队，胜利地越过六盘山。10 月，毛泽东写下《清平乐·六盘山》。

清平乐·六盘山 [①]

（1935 年 10 月）

天高云淡，望断南飞雁。不到长城非好汉，屈指行程二万。六盘山上高峰，红旗漫卷西风。今日长缨在手，何时缚住苍龙？

"今日长缨在手，何时缚住苍龙？" 1958 年 12 月 21 日，毛泽东对这首词批注："苍龙：蒋介石，不是日本人。" [②] "长缨"，在这里既是指交由毛泽东指挥的中央红军，又是指中国共产党来到陕北后获得的 "收功实者常于西北" 的得天独厚的地利条件，这就是陕北高地和陕北人民。有了全民抗战开始的 "天时"，又有陕北这片利于逐鹿中原的 "地利" 和这里的人民，"缚住苍龙" 就只是一个时间问题。

1913 年 11 月 1 日，年仅 20 岁的毛泽东写道："奋斗，夫以五千之卒，敌十万之军，策罢乏之兵，当新羁之马，如此而欲图存，非

---

① 吴正裕主编，李捷、陈晋副主编：《毛泽东诗词全编鉴赏》，中央文献出版社 2003 年版，第 167 页。

② 中共中央文献研究室编：《毛泽东年谱（1893—1949）》上卷，中央文献出版社 2013 年版，第 478 页。

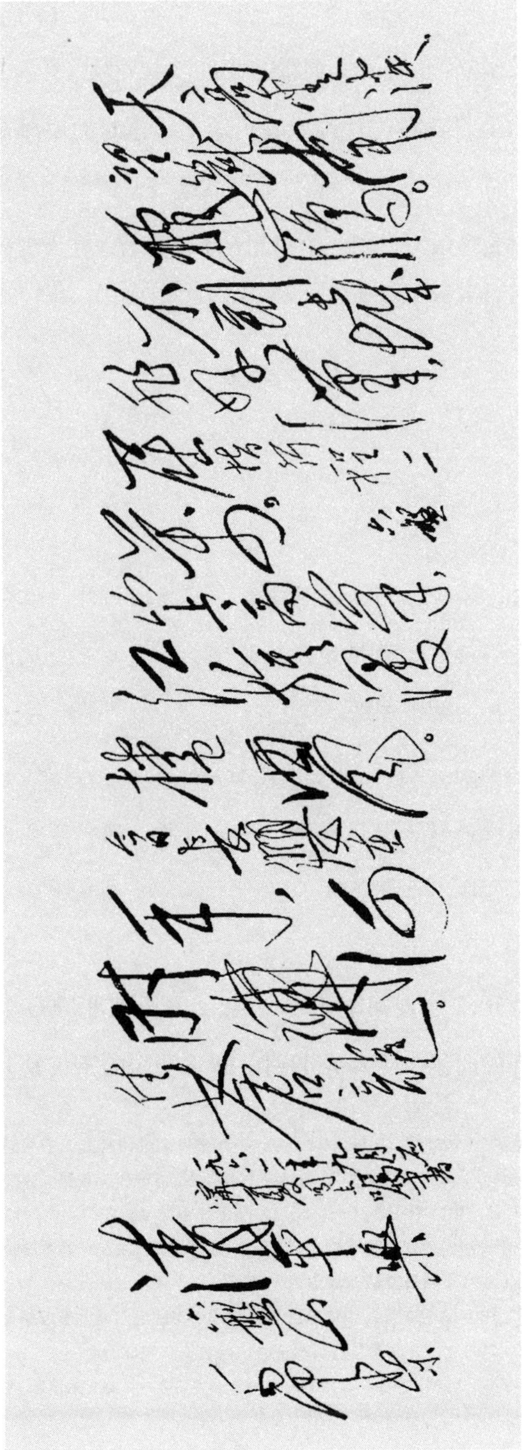

奋斗不可。"①22年后，毛泽东带着疲乏的陕甘支队②真的就出现在一片荒凉的高原上，就在这片荒凉的土地上，这时的毛泽东却信心满满地想着"何时缚住苍龙"，即打败美式装备且武装到牙齿的蒋家王朝，这是何等战略张力。同一个意思，4个月后，在大气磅礴的《沁园春·雪》一词中再次展现：

沁园春·雪③

（1936年2月）

北国风光，千里冰封，万里雪飘。望长城内外，惟余莽莽；大河上下，顿失滔滔。山舞银蛇，原驰蜡象，欲与天公试比高。须晴日，看红妆素裹，分外妖娆。

江山如此多娇，引无数英雄竞折腰。惜秦皇汉武，略输文采；唐宗宋祖，稍逊风骚。一代天骄，成吉思汗，只识弯弓射大雕。俱往矣，数风流人物，还看今朝。

这首词作于红一方面军于1936年2月由陕北准备东渡黄河进入山西省西部的时候。毛泽东明白，此举冲击的不仅是阎锡山，更

① 毛泽东：《讲堂录》（1913年10月至12月），中共中央文献研究室、中共湖南省委《毛泽东早期文稿》编辑组：《毛泽东早期文稿》，湖南人民出版社2008年版，第528页。

② 1935年9月10日，中共中央率红一、红三方面军和军委纵队先行北上。12日，党中央在川甘边界的俄界召开政治局会议，为了缩小目标便于行动，会议决定，将军委纵队和红一方面军主力改编为中国工农红军陕甘支队。成立由毛泽东、周恩来、彭德怀、林彪、王稼祥组成的五人团，领导红军工作。11月3日，中华苏维埃共和国中央政府西北办事处革命军事委员会成立，毛泽东任主席。同时红一方面军总部再次成立。陕甘支队完成使命。

③ 吴正裕主编，李捷、陈晋副主编：《毛泽东诗词全编鉴赏》，中央文献出版社2003年版，第178页。

北国风光，千里冰封，万里雪飘。望长城内外，惟余莽莽；大河上下，顿失滔滔。山舞银蛇，原驰蜡象，欲与天公试比高。须晴日，看红装素裹，分外妖娆。

江山如此多娇，引无数英雄竞折腰。惜秦皇汉武，略输文采；唐宗宋祖，稍逊风骚。一代天骄，成吉思汗，只识弯弓射大雕。俱往矣，数风流人物，还看今朝。

（毛润书）

是蒋介石的旧世界。战事未开，气势已张。1945 年 10 月，毛泽东在重庆曾把这首《沁园春·雪》手书赠柳亚子，并在重庆《新民报晚刊》上发表。这是在国民党的大本营直接向蒋介石及其集团发出"试比高"的挑战，并明确宣布试比的结局一定是"数风流人物，还看今朝"。"春江水暖鸭先知"①，书载：

　　据说，当时蒋介石看了毛泽东这首词后，既十分恼火，又十分震惊。他立刻找来国民党中央政治会议副秘书长陈布雷，问："你看毛泽东的词如何？"向以"国民党内一支笔"而著称的陈布雷如实答道："气势磅礴，气吞山河，可谓盖世精品。"蒋介石说："我看他毛泽东野心勃勃，想当帝王。"②

　　一句"欲与天公试比高"就让蒋介石坐卧不宁，后面又接了句"须晴日，看红装素裹，分外妖娆"，蒋介石读出了这分明是要改朝换代的节奏。当时蒋介石也是从政治上而不仅仅从文学上读这首词的——当然这首词本身就是没有多少人能读懂的高不可及的"政治诗"。1945 年 7 月初，毛泽东在延安对到访的民主人士说："我不信邪，偏要出两个太阳给他看看。"③蒋介石从这首词中读出了"偏要出两个太阳给他看看"的味道且惹得自己瞋目盛怒。如果蒋介石知道

---

① "竹外桃花三两枝，春江水暖鸭先知。蒌蒿满地芦芽短，正是河豚欲上时。"［宋］苏轼：《惠崇春江晚景二首（其一）》，李定广评注：《中国诗词名篇赏析》下，东方出版中心 2018 年版，第 108 页。

② 侯全亮、白波、张帆、徐腾飞：《血凝长河 抗战中的黄河记忆》，黄河水利出版社 2016 年版，第 7 页。

③ 孙宝义、刘春增、邹桂兰编著：《毛泽东的读书人生》，中央文献出版社 2006 年版，第 478 页。

这是毛泽东 9 年前的词作——那时毛泽东刚到陕北，手头只有数千人的部队，那么蒋介石内心一定会更加五味杂陈，甘苦自知。

如果说词的上阕说的是要改朝换代，下阕说的则是要建立的是一个什么样的国家：这是中国历史上从未有过的一个崭新的人民民主共和国。故此，毛泽东说："江山如此多娇，引无数英雄竞折腰。"

这将是中国 5000 多年历史上从未出现过的没有剥削、没有压迫，更没有四大家族反动派的国家，这样的国家会让"无数英雄竞折腰"，秦皇汉武会自觉"略输文采"，唐宗宋祖自惭"稍逊风骚"，一代天骄成吉思汗在即将出现的人民民主共和国面前也不过是"只识弯弓射大雕"的马上武夫。而这些帝王恰恰又是蒋介石让下属顶礼膜拜的。蒋介石标榜封建道德，其部下多以"兄""弟"相称，办公室的训词多是忠、孝、节、义。可这些在毛泽东诗词中却成了"略输文采"和"稍逊风骚"，这让蒋介石在下属面前情何以堪。

最后"数风流人物，还看今朝"的喻意就不言而喻了。对此，毛泽东有过明确的注释，他说：

雪：反封建主义，批判二千年封建主义的一个反动侧面。文采、风骚、大雕，只能如是，须知这是写诗啊！难道可以谩骂这一些人们吗？别的解释是错的。末三句，是指无产阶级。①

1945 年 4 月 21 日，毛泽东在讨论中国共产党第七次代表大会的工作方针时说："从古以来没有这样的人民，从古以来没有这样的

---

① 毛泽东：《对〈毛泽东诗词十九首〉的批注》，中共中央文献研究室编：《毛泽东文集》第 7 卷，人民出版社 1999 年版，第 461 页。

共产党"①。

　　"有能雄时者，无对手也。"② 用人民性批判蒋介石的封建性，蒋介石经常让部下"忍"，毛泽东对自己的干部讲革命理想，蒋介石满口"仁义礼智信"，可毛泽东讲"为人民服务"。中国共产党和国民党之间的境界高下，判若云泥，其所代表的中国的方向，不言自明。毛泽东对推翻蒋家王朝的信心满满，1948 年 1 月，毛泽东告诉陈毅其中的原因："蒋没有土改，我有土改。"③

---

①　毛泽东:《中国共产党第七次全国代表大会的工作方针》(1945 年 4 月 21 日)，中共中央文献研究室编:《毛泽东文集》第 3 卷，人民出版社 1996 年版，第 292 页。

②　毛泽东:《讲堂录》(1913 年 10 月至 12 月)，中共中央文献研究室、中共湖南省委《毛泽东早期文稿》编辑组:《毛泽东早期文稿》，湖南人民出版社 2008 年版，第 530 页。

③　中共中央文献研究室编:《毛泽东年谱（1893—1949）》下卷，中央文献出版社 2013 年版，第 275 页。

第五章
统一、稳定、安全

"打过长江去，解放全中国"：

《七律·人民解放军占领南京》

　　解放战争期间，毛泽东诗词中的战略张力再跃新高。

　　1945 年中国面临怎样的形势？概括来讲，前门驱虎，后门入狼。刚赶走日本侵略者，又来了"好心的朋友"[①]想分裂中国。这一时期，中国共产党对内的主要任务是打倒蒋家王朝，建立人民共和国；对外就是排除一切干扰，防止中国出现"南北朝"，全力实现中国的统一。1957 年 4 月 11 日上午，毛泽东约中国人民大学哲学系王方名等学者谈话，在谈到中国革命的历程时，据王方名回忆：

　　他首先说，中国革命开始时很困难，陈独秀、王明、李立三、瞿秋白、张国焘等人跟着别人跑，使中国革命遭受一个又一个的失败。直到 1949 年，我们眼看就要过长江的时候，还有人阻止，据说千万不能过长江，过了，就会引起美国出兵，中国就可能出现南北

―――――――――――――

① 1964 年郭沫若在评论这首诗时说："就在解放南京战役的前后，国内外有一些好心的朋友主张中国南北分治，适可而止，不要惹起帝国主义特别是美帝国主义的干涉。"转引自袁南生：《斯大林、毛泽东与蒋介石》，湖南人民出版社 2005 年版，第 479 页。

朝（的局面）。毛泽东接着说：我没有听他们的。我们过了长江，美国并没有出兵，中国也没有出现南北朝。如果我们听了他们的话，中国倒真可能出现南北朝。毛泽东继续说：后来我会见了阻止我们过长江的人，他的第一句话就说："胜利者是不应该受责备的。"毛泽东说：我没有听他的话，他并不责怪，反而肯定了我们是胜利者。[①]

从国内来看，1946年国共大决战在即，中国不仅处在新旧交替的十字路口，而且还处在统一还是分裂的十字路口。挑战不仅来自蒋介石，还有当时希望中国在内战中分裂的对华"友好"的国家。

1946年3月4日，由马歇尔、张治中、周恩来三人组成的负责国共调停的军事小组飞抵延安。在与毛泽东交谈中，张治中说："政府改组了，中共中央应该搬到南京去，您也应该住到南京去。"毛泽东回答说："我们将来当然要到南京去，不过听说南京热得很，我怕热，希望常住在淮阴，开会就到南京。"[②]毛泽东的回答绵里藏针，充满地缘政治的暗喻。谁都知道，淮阴[③]位于江苏省中北部，江淮平原东部，北距连云港市130千米，东南距盐城100千米，西南距江苏省会南京市180千米，是古淮河与京杭大运河的交汇点，扼水陆交通之要冲，自古乃兵家重地。从淮阴进南京，那是从国民党手中

---

① 王方名：《要实事求是，独立思考——忆毛主席一九五七年的一次亲切谈话》，《人民日报》，1979年1月2日，第3版，载上海人民出版社编：《学习毛泽东》，上海人民出版社1979年版，第414页。

② 中共中央文献研究室编：《毛泽东年谱（1893—1949）》下卷，中央文献出版社2013年版，第59页。

③ 2001年，江苏省淮阴市政府实施"三淮一体"战略（即原地级淮阴市、原县级淮安市、原淮阴县融为一体），原地级淮阴市更名为淮安市，原县级淮安市因重名更名为淮安市楚州区，原江苏省淮阴县更名为淮安市淮阴区。

取天下；而若从延安入住南京，就只能在那里寄人篱下地陪坐天下。"天若有情天亦老，人间正道是沧桑"，读过《七律·人民解放军占领南京》就会明白，选择后者当然不是毛泽东的兴趣所在。

从国际来看，欧洲在第二次世界大战后已初分成了两个欧洲：一个东欧，一个西欧。斯大林独控东欧后，欧洲的影响力就只能局限于西欧，这样欧洲就被一分为二。[①]为什么这样？美国要统治欧洲，大欧洲不好控制。西方人叫人服从的方法是肢解和分裂，而不是帮忙。致残你，你才能听话。西方就是这个逻辑。

欧洲分为东欧和西欧并由此分裂后，苏联和美国掉头布局亚洲。分裂中国的关键是利用当时中国的内战，使各自都拥有强大武装的国共两党并存，使其在内耗中演变为以长城或长江为界的南北政权。从这个意义上说，当时美国和苏联在抗战胜利后力促国共和谈的背后隐藏着肢解中国的目的。所以，当斯大林听到罗斯福说美国"正在进行各种努力以使北方的共产党人同国民党实现联合"，立即表示"这很好"。[②]

对 1927 年四一二反革命政变记忆犹新的斯大林心里明白，这样的结果将意味着中国再次分裂，而阻止中国强大的终极手段，斯大林与美国人同样明白，那就是肢解中国并使中国政治破碎化，至少使中国政治置于印度议会或俾斯麦之前的德国议会那样无休止的"议而不决"的无效行政之中。要实现第一个目标即肢解中国，美苏需要合作，美国通过约束中国国民党，苏联通过约束中国共产党实

---

① 张文木：《俄罗斯国力伸缩规律及其对中国的影响》下册，《张文木战略文集》第 6 卷，山东人民出版社 2020 年版。

② 《斯大林和罗斯福的谈话记录》（1945 年 2 月 8 日），沈志华主编：《苏联历史档案选编》第 18 卷，社会科学文献出版社 2002 年版，第 489 页。

现中国不统不和的局面。要实现第二个目标，美苏就需要蒋介石配合，因为蒋介石的政权基础是官僚买办，依靠外国资本而不依靠本国人民。但不管怎样，既不能让中国在抗战中灭亡，又不能让中国在抗战后强大，都是美苏不好意思直言的在中国的目标①。在这个目标下，斯大林与罗斯福在雅尔塔会议上又开始联手。与分割欧洲是德黑兰会议上斯大林与罗斯福不能明言的目标一样，分割亚洲也是斯大林和罗斯福不愿言明而又隐藏在雅尔塔谈判以及后来的美苏对华政策之中，却最终因中国共产党打过长江而没有实现的目标。

　　1945 年 2 月 10 日，即在太平洋战争即将结束的前夕，罗斯福和斯大林拉上极不情愿的丘吉尔在雅尔塔会议上背着中国达成了《雅尔塔协定》②，并以出兵东北对日作战和战后承认国民党政权为条件，迫使蒋介石于协定签署后半年即 8 月 14 日承认了这一协定。

---

①　1937 年 11 月 11 日，王明等在回国前受到斯大林的召见，斯大林告诉他们："不管英国还是美国，它们都不愿意中国胜利。出于它们帝国主义的利益，它们害怕中国胜利。中国的胜利将影响印度、印度支那等。它们希望日本由于打仗而削弱，但是不允许中国站起来。它们希望有日本这条拴起来的狗吓唬中国，就像过去吓唬沙皇俄国那样，但是不希望这条狗有可能独吞猎物。"［保］季米特洛夫著，马细谱等译：《季米特洛夫日记选编》，广西师范大学出版社 2002 年版，第 61 页。

②　1945 年 2 月 10 日，雅尔塔第七次全体会议开始，在此之前，苏联外长莫洛托夫向美国驻苏大使哈里曼递交一份《斯大林元帅关于苏联参加对日作战政治条件草案》，经斯大林、罗斯福两次修改后，即成为 2 月 11 日邀请丘吉尔共同签署的作为雅尔塔正式文件的《苏美英三国关于日本的协定》，文件不长，但对远东政治影响却至为深远。内容如下：

　　苏美英三大国领袖同意，在德国投降及欧洲战争结束后两个月或三个月内苏联将参加同盟国方面对日作战，其条件为：1. 外蒙古（蒙古人民共和国）的现状须予维持。2. 由日本 1904 年背信弃义进攻所破坏的俄国以前权益须予恢复，即：甲. 库页岛南部及邻近一切岛屿须交还苏联；乙. 大连商港须国际化，苏联在该港的优越权益须予保证，苏联之租用旅顺港为海军基地须予恢复；丙. 对担任通往大连之出路的中东铁路和南满铁路应设立一苏中合办的公司以共同经营之；经谅解，苏联的优越权益须予保证而中国须保持在满洲的全部主权。3. 千岛群岛须交予苏联。经谅解，有关外蒙古及上述港口铁路的协定尚须征得蒋介石委员长的同意。根据斯大林大元帅的提议，美总统将采取步骤以取得该项同意。三强领袖同意，苏联之此项要求须在击败日本后毫无问题地予以实现。苏联本身表示准备和中国国民政府签订一项苏中友好同盟协定，俾以其武力协助中国达成自日本枷锁下解决中国之目的。参见王绳祖、何春超、吴世民选编：《国际关系史资料选编（17 世纪中叶—1945 年）》（修订本），法律出版社 1988 年版，第 868 页。

这个协定本质欲将中国一分为二，南面是美国的势力范围，北面是苏联的势力范围。鉴于协定将要产生的分裂中国的恶劣影响，美苏双方一致同意对这个协定实行保密。直到 1945 年 6 月 14 日，杜鲁门才指令赫尔利将这一内容通知蒋介石。在此之前，美方除在场者及罗斯福私人顾问霍普金斯等少数人外，无人知晓。至于国务卿斯退丁纽斯，艾登说："斯退丁纽斯对这事的详情根本一无所知，他同首相和我一样，可以说完全蒙在鼓里。"①当时"蒙在鼓里"的不光是美国国务卿，还包括中国国共两党的主要领导人。所以后人又称这个协定为"雅尔塔秘密协定"②。

美苏在分裂中国问题上达成协定后，美国马歇尔竭力诱使蒋介石，斯大林竭力诱使毛泽东，试图按协定事实上将中国一分为二：北边归苏联，南边归美国。

1948 年 11 月 6 日，淮海战役开始。11 月 10 日，司徒雷登建议加快"换马"，他告诉马歇尔："在这种形势下，我们认为问题的关键是，国家权力是否能有秩序地从现政府移交给新政府。主和派显然无法使其愿望变成现实，除非发动军事政变取代委员长。"③12 月

① ［英］安东尼·艾登著，瞿同祖、赵曾玖译：《艾登回忆录·清算》下，商务印书馆 1976 年版，第 897 页。

② "1946 年 2 月 11 日，经美国总统杜鲁门提议，以损害中国权益换取苏联对日参战的雅尔塔秘密协定被公之于世。2 月 13 日，《大公报》发表王芸生执笔的社评《读雅尔塔秘密协定有感》，对牺牲弱国的强权政治与秘密外交表示强烈愤慨。"张帆主编：《中共中央南方局与〈新华日报〉》，中共党史出版社 2017 年版，第 240 页。

③ 《司徒致国务卿》（南京，1948 年 11 月 10 日），［美］肯尼斯·雷、约翰·布鲁尔编，尤存、牛军译：《被遗忘的大使：司徒雷登驻华报告（1946—1949）》，江苏人民出版社 1990 年版，第 263 页。值得注意的是，就在毛泽东拒绝斯大林劝说中共不要南下过江的同时，蒋介石也断然拒绝了美国"不要攻击黄河以北的中共、也不要向西追逐中共"的建议。参阅 1963 年 2 月 4 日肯尼迪与美驻台"大使"柯克的《会谈备忘录》，陶文钊主编：《美国对华政策文件集 1949—1972》（第 3 卷上），世界知识出版社 2003 年版，第 363 页。

中原野战军及华东野战军一部，歼灭黄维兵团 11 万人。华东野战军主力将杜聿明指挥的国民党军 3 个兵团 25 万人合围于永城东北的陈官庄地区，并歼灭其中的孙元良兵团约 4 万人。面对日益无奈的战场形势，司徒雷登加速"换马"工作，劝蒋介石让位给李宗仁，美国也通过对正在访美的宋美龄冷淡的态度向蒋介石传递要蒋下台的明确信息。12 月 24 日，坐镇汉口、拥兵 30 万的白崇禧向蒋介石发出通电要求停止国共间的军事行动，并邀请美、苏、英三国出面调停，随后，李宗仁、长沙绥靖公署主任并湖南省主席程潜、河南省主席并第五绥靖区司令张轸及湘、鄂、豫、桂四省参议会议长也相继通电蒋介石下野，接受和谈。1949 年 1 月，美国"换马"成功：蒋介石"引退"，李宗仁任代总统。

李宗仁上台后，忠实地贯彻马歇尔分割中国的思路，继续推动"和平运动"，公开致电毛泽东同意以中共所提八项条件为基础，"进行和谈"。在谈判前，李宗仁为国民党确定了"平等""隔江而治"的和谈原则。①

另一方面，司徒雷登也希望斯大林约束中共入关后止步于长江以北。12 月 1 日，他致电马歇尔：

时局的发展非常有可能出现停战，并恢复和谈。据未证实的消息，苏联大使到时将在国民党控制华南、共产党控制华北以及美国

① 王文泉、刘天路主编：《中国近代史：1840—1949》，高等教育出版社 2001 年版，第 583 页。

承认俄国在满洲的权利的条件下出面调停。^①

司徒雷登的情报并不是空穴来风。与司徒雷登在江南"换马"工作似乎是同步运作，斯大林很可能受到朝鲜半岛于 1948 年八九月间分裂为南北朝鲜的形势鼓舞，于 1949 年 10 月 1 日转给毛泽东一封蒋介石国民党政府请求苏联居中调停国共之争的请求信。^②其意不言自明，就是要求毛泽东接受苏联出面接续马歇尔的"调停"，步朝鲜后尘。

但雄才大略的毛泽东在民心所向且坐拥百万雄师的时候是不可能就此止步的，他于 12 月 30 日写就并以"新年献词"形式发表《将革命进行到底》，以回应那些"国际上有的朋友"^③企图接替马歇尔调停的暗示。毛泽东写道：

中国人民将要在伟大的解放战争中获得最后的胜利，这一点现在甚至我们的敌人也不怀疑了。^④

现在摆在中国人民、各民主党派、各人民团体面前的问题，是

---

① 《司徒致国务卿》（南京，1948 年 12 月 1 日），［美］肯尼斯·雷、约翰·布鲁尔编，尤存、牛军译：《被遗忘的大使：司徒雷登驻华报告（1946—1949）》，江苏人民出版社 1990 年版，第 262 页。值得注意的是，就在毛泽东拒绝斯大林劝说中共不要南下过江的同时，蒋介石也断然拒绝了美国"不要攻击黄河以北的中共，也不要向西追逐中共"的建议。参阅 1963 年 2 月 4 日肯尼迪与美驻台"大使"柯克的《会谈备忘录》，陶文钊主编：《美国对华政策文件集 1949—1972》（第 3 卷上），世界知识出版社 2003 年版，第 363 页。

② 刘彦章、项国兰、高晓惠编：《斯大林年谱》，人民出版社 2003 年版，第 723 页。

③ 1949 年 3 月下旬，毛泽东说，国际上有的朋友，对我们解放战争的胜利也半信半疑，劝我们就此止步，和蒋介石以长江为界，搞"南北朝"。廖盖隆主编，中共中央党史研究室编：《中共党史文摘年刊（1986 年）》，中共党史资料出版社 1988 年版，第 75 页。

④ 毛泽东：《将革命进行到底》，《毛泽东选集》第 4 卷，人民出版社 1991 年版，第 1372 页。

将革命进行到底呢，还是使革命半途而废呢？如果要使革命进行到底，那就是用革命的方法，坚决彻底干净全部地消灭一切反动势力，不动摇地坚持打倒帝国主义，打倒封建主义，打倒官僚资本主义，在全国范围内推翻国民党的反动统治，在全国范围内建立无产阶级领导的以工农联盟为主体的人民民主专政的共和国。这样，就可以使中华民族来一个大翻身，由半殖民地变为真正的独立国，使中国人民来一个大解放，将自己头上的封建的压迫和官僚资本（即中国的垄断资本）的压迫一起掀掉，并由此造成统一的民主的和平局面，造成由农业国变为工业国的先决条件，造成由人剥削人的社会向着社会主义社会发展的可能性。如果要使革命半途而废，那就是违背人民的意志，接受外国侵略者和中国反动派的意志，使国民党赢得养好创伤的机会，然后在一个早上猛扑过来，将革命扼死，使全国回到黑暗世界。现在的问题就是一个这样明白地这样尖锐地摆着的问题。两条路究竟选择哪一条呢？中国每一个民主党派，每一个人民团体，都必须考虑这个问题，都必须选择自己要走的路，都必须表明自己的态度。中国各民主党派、各人民团体是否能够真诚地合作，而不致半途拆伙，就是要看它们在这个问题上是否采取一致的意见，是否能够为着推翻中国人民的共同敌人而采取一致的步骤。这里是要一致，要合作，而不是建立什么"反对派"，也不是走什么"中间路线"。①

关于是否过江的问题，毛泽东明确宣布：

---

① 毛泽东：《将革命进行到底》，《毛泽东选集》第 4 卷，人民出版社 1991 年版，第 1375 页。

一九四九年中国人民解放军将向长江以南进军，将要获得比一九四八年更加伟大的胜利。

……

几千年以来的封建压迫，一百年以来的帝国主义压迫，将在我们的奋斗中彻底地推翻掉。一九四九年是极其重要的一年，我们应当加紧努力。①

毛泽东写的这篇新年献词直言中国共产党的目的并不是要偏安一隅，也不是要与国民党平分天下，而是要建立一个强大统一的人民共和国！

这一目标使马歇尔和斯大林都坐不住了。斯大林亲自从幕后走向前台，在美国在南方无力"推盘"后，以前所未有的关注度对北方的毛泽东施加高频压力。斯大林在 1949 年 1 月连发 4 份电报试图阻止毛泽东。

1949 年 1 月 10 日，斯大林以菲利波夫为化名发电报给毛泽东，谈国共谈判问题。斯大林转告说，南京国民党政府于 1 月 9 日发来照会，建议苏联政府充当南京政府与中国共产党之间的停战和签订和约的调停人。斯大林通报了苏联政府对南京政府的答复，即苏联政府赞成在中国结束战争，实现和平，但在同意担当调停人之前，苏联政府希望能征得另一方的同意。同时还向中共提供了苏方草拟的答复国民党和平建议的具体方案，即中国共产党同意与国民党进

---

① 毛泽东:《将革命进行到底》,《毛泽东选集》第 4 卷，人民出版社 1991 年版，第 1379—1380 页。

行谈判，但是不能容许那些发动中国内战的战犯参加谈判并主张在没有外国调停人参加的情况下与国民党直接谈判。对于毛泽东的访苏计划，斯大林再次建议暂时推迟。①

1月11日，斯大林追加电报给毛泽东，对前电苏联草拟的中共对国民党的建议的答复方案进行解释，电报说：苏方说答复方案的意图实际上"破坏"与国民党的和谈，因为"没有任何外国大国调停特别是没有美国居间"和"没有蒋介石和其他战犯参加"，"国民党绝对不会同意和谈"。②

斯大林电报中的要求遭到毛泽东的婉拒。1月12日，毛泽东回电称，对于南京政府的照会，苏联政府应该告诉国民党："苏联政府一向希望现在也希望看到一个和平、民主、统一的中国。然而，通过什么样的道路达到中国的和平、民主与统一——这是中国人民自己的事。苏联政府根据不干涉别国内政的原则，认为在中国内战交战双方之间调停是不可取的。"毛泽东直率地告诉斯大林："眼下中国阶级力量的对比已经发生了根本变化，国际舆论也同样不利于南京政府，而中国人民解放军今年夏季就能过江，直捣南京。我们似乎不需要再次采取什么迂回的政治手段。在当前形势下，再采取这样的迂回的政治手段利少弊多。"③

---

① 刘彦章、项国兰、高晓惠编：《斯大林年谱》，人民出版社2003年版，第723页。关于斯大林电报具体内容，也可参见［俄］A.M.列多夫斯基著，陈春华、刘存宽等译：《斯大林与中国》，新华出版社2001年版，第64页。

② 《米高扬就1949年1—2月的中国之行向苏联共产党中央委员会主席团提交的报告》，［俄］A.M.列多夫斯基著，陈春华、刘存宽等译：《斯大林与中国》，新华出版社2001年版，第62页。同时可参照刘彦章、项国兰、高晓惠编：《斯大林年谱》，人民出版社2003年版，第723—724页。

③ 《米高扬就1949年1—2月的中国之行向苏联共产党中央委员会主席团提交的报告》，［俄］A.M.列多夫斯基著，陈春华、刘存宽等译：《斯大林与中国》，新华出版社2001年版，第63页。

1月14日，斯大林出席联共（布）中央政治局会议，讨论毛泽东访苏问题。政治局同意斯大林推迟毛泽东访苏的意见。斯大林在会上口授了一封给毛泽东的电报，仍以菲利波夫为化名，表示中共应该接受和谈建议，使中共以和平的面目出现。当天毛泽东复电斯大林说："我们与贵方在基本方针（破坏同国民党的和谈，把革命战争继续到底）上是完全一致的。"[①]为此，中共中央还发表了与国民党和谈的八项条件。

需要说明的是，毛泽东这里说的"和谈"内涵与斯大林的完全不同：斯大林的意思是要谈，毛泽东的意思是既要谈又不能放弃武装斗争。1月15日，斯大林化名菲利波夫从自己的角度复电毛泽东，说他从毛泽东上封电报中"看得很清楚，我们之间已经就南京方面和平建议问题取得了一致的看法，中国共产党已经开始了'和平'运动，也就是说，这个问题可以认为是彻底解决了"[②]。斯大林知道毛泽东的底线后，最终放弃了直接出面"调停"中国内战的想法。1月18日，苏联政府复照南京政府，指出中国国家统一事业是"中国人民自己的事情"，这种统一只能通过中国内部的力量，首先是双方在没有外来干涉的情况下直接谈判来取得。[③]

1月19日，毛泽东在审阅中共中央关于外交问题的指示稿时特别加上下面的一段话：

---

① 斯大林电报及毛泽东回电详细内容可参阅《米高扬就1949年1—2月的中国之行向苏联共产党中央委员会主席团提交的报告》，[俄]А.М.列多夫斯基著，陈春华、刘存宽等译：《斯大林与中国》，新华出版社2001年版，第63—64页。
② 《米高扬就1949年1—2月的中国之行向苏联共产党中央委员会主席团提交的报告》，[俄]А.М.列多夫斯基著，陈春华、刘存宽等译：《斯大林与中国》，新华出版社2001年版，第64页。同时可参照刘彦章、项国兰、高晓惠编：《斯大林年谱》，人民出版社2003年版，第724页。
③ 刘彦章、项国兰、高晓惠编：《斯大林年谱》，人民出版社2003年版，第724—725页。

最后，也是最重要的一项，不允许任何外国及联合国干涉中国内政。因为中国是独立国家，中国境内之事，应由中国人民及人民的政府自己解决。如有外国人提到外国政府调解中国内战等事，应完全拒绝之。①

毛泽东在这里特别提到的"任何外国"，当然包括苏联在内。如果说蒋介石对马歇尔"调停"中分裂中国的企图是本能抵制的话，这份文献就说明毛泽东对斯大林的"调停"则有着高度警觉。

尽管苏联没有直接出面"调停"，但实际上仍没有放弃相关"工作"。1 月 21 日，国民党政府决定南迁广州，斯大林命令苏联驻华使馆随国民党政府南下，在苏联驻华大使罗申的一路"调停"下，月底"罗申同刚刚上台的代总统李宗仁达成苏联调停国共内战的三项条件，实际上支持李宗仁'划江而治'搞'南北朝'的企图"②。

3 月底，斯大林明知不可为而为之，仍以菲利波夫的化名就苏联得到的"美国利用核打击制定的发动第三次世界大战的'亚洲方案'的绝密计划"复电科瓦廖夫并通过他转述中共，表示：苏联"不怕原子弹"，"但历史上是有一些不正常的人的。我们准备反击"③。这其实是婉转地对毛泽东施压，即中共如果打过长江可能要引发世界大

---

① 毛泽东：《不允许任何外国及联合国干涉中国内政》(1949 年 1 月 19 日)，中华人民共和国外交部、中共中央文献研究室编：《毛泽东外交文选》，中央文献出版社、世界知识出版社 1994 年版，第 78 页。

② 袁南生：《斯大林、毛泽东与蒋介石》，湖南人民出版社 2005 年版，第 478 页。

③ 转引自刘彦章、项国兰、高晓惠编：《斯大林年谱》，人民出版社 2003 年版，第 728 页。

战，尽管苏联表示不怕。

4月上旬，人民解放军已彻底扫清长江北岸的残敌，中国历史上规模最大的一次横渡长江的战役已经迫在眉睫。就在中国人民解放军发起渡江战役前夕，斯大林又给毛泽东发来长电，再次"提醒毛泽东注意帝国主义可能发动的军事干涉"①。斯大林强调，尽管中国人民解放军已取得了辉煌胜利，但无论如何不能认为反对蒋介石的战争即将结束。斯大林认为，英国、法国和美国害怕中国人民解放军逼近同中国接壤的国家边界，以及在蒋介石仍然占领的一些岛屿上会出现革命形势。所以，西方国家为保卫这些岛屿和亚洲，会采取一切措施。例如，进行封锁，甚至同中国发生武装冲突。斯大林指出，英美军队在中国人民解放军向南方进军的主力部队后方登陆的危险性增加了。因此，斯大林提出三点建议：第一，中国人民解放军不要急于认真准备向南方推进，逼近同邻国的边界；第二，从向南方进攻的中国人民解放军主力部队中，抽出两个精锐军团，把它们部署在港口地区，加以补充，并使之处于战略状态，以防御敌军采取行动；第三，暂时不要缩减解放军部队。②

斯大林这么说，是因为他于2月底就收到并于4月中旬再次核

---

① 袁南生著：《斯大林、毛泽东与蒋介石》，湖南人民出版社2005年版，第481页。

② 参见1.《国外中共党史研究动态》1992年第2期；2.袁南生著：《斯大林、毛泽东与蒋介石》，湖南人民出版社2005年版，第481—482页；3.刘彦章、项国兰、高晓惠编：《斯大林年谱》，人民出版社2003年版，第728页。

实了的美军将撤离南朝鲜的情报。①他几乎断定美军会将撤离的部队调往中国帮助蒋介石加强长江以南的防御。但如果将 1945 年斯大林与罗斯福达成"雅尔塔秘密协定"以来苏联对华政策联系起来考虑，不能不让人认为斯大林这个电报的三点建议中的核心思想是第一点，即希望"中国人民解放军不要急于认真准备向南方推进，逼近同邻国的边界"，这本质上还是在借题发挥以达到让中国共产党"和蒋介石以长江为界，搞'南北朝'"的目的。

为什么这样说？因为斯大林这样反复劝阻毛泽东的做法并非真的害怕美国会发动第三次世界大战，而是不想看到中国的统一。对此，就连著《毛泽东传》的俄国传记作家亚历山大·潘佐夫也不讳言，他在书中写道："斯大林的谨慎立场仅用他对美苏核冲突的恐惧以及他欺骗华盛顿的愿望来解释是不够的。对中国共产党的胜利的种种后果的反复思量使得这位'各族人民的领袖'不得不非常小心地行事。身为俄罗斯民族的共产主义者，他十有八九会为一个新的、强大的共产主义权力中心在未来的崛起而担忧。"②

其实，斯大林早在 1948 年年初已不得不承认毛泽东"是正确

---

① 1949 年 2 月 23 日《关于美军撤离南朝鲜等问题致什特科夫电》称："好像美军正在撤出朝鲜，而且大部分已经撤出；驻朝美军司令官在东京；在朝鲜只留一名准将，领导负责南朝鲜军事训练的军官组，同时指挥当地撤军。"1949 年 4 月 17 日，维辛斯基关于核实美军撤出南朝鲜等问题致什特科夫电称："根据现有情报，预计美军于 5 月撤出南朝鲜，移驻日本附近岛屿，以便给南朝鲜军队行动自由，与此同时，联合国委员会也将离开朝鲜。4 月和 5 月，南朝鲜将把自己的兵力集结在三八线一带。6 月，他们会突然袭击北方，以便在 8 月以前消灭北方军队。4 月 10 日，南方已在开城地区集结了约 8000 人（步兵旅），在议政府地区集结了 10000 人（估计是第三步兵旅）。4 月 10 日还在东豆川里站台卸下了 3 辆坦克。"参见张文木：《张文木战略文集》第 6 卷《俄罗斯国力伸缩规律及其对中国的影响》下册，山东人民出版社 2020 年版，第 731 页。

② ［苏］亚历山大·潘佐夫著，卿文辉等译：《毛泽东传》下，中国人民大学出版社 2015 年版，第 536 页。

的"。1948 年 2 月 10 日，在回答南斯拉夫领导人爱德华·卡德尔提出希腊"游击队在数个月内成功的希望如何"的问题时，斯大林就以中国为例鼓励他们说："好，请稍等。或许，你是正确的。我也曾怀疑中国人是否能够胜利，我建议他们同蒋介石达成临时协议。他们形式上同意我们的建议，而实际上继续干自己的——动员中国人民的力量。之后，他们公开提出问题：我们将继续战斗，人民支持我们。我们对他们讲：好吧，如果你们需要的话。显然，他们那里基础非常好。他们是正确的，而我们是不正确的。"[①]

这里人们不禁要问：既然在 1948 年年初斯大林就已认识到毛泽东"他们是正确的，而我们是不正确的"，但为什么到 1949 年 4 月，斯大林在马歇尔不厌其烦地劝阻蒋介石不要出关的努力失败并因此扶持李宗仁接替蒋介石后，还要不厌其烦地阻止毛泽东过江南下呢？结论只能是斯大林在对待中国解放战争态度上的错误不仅仅是认识问题，而是为了苏联战略利益在揣着明白装糊涂。

对于斯大林的这些建议，毛泽东洞若观火，不仅没有理睬，而且以"独有英雄驱虎豹，更无豪杰怕熊罴"[②]的气概，于 1949 年 4 月 21 日，即国民党政府拒绝中共代表团提交的《国内和平协定最后修正案》后的第二天，与朱德共同发出《向全国进军的命令》，号令全军坚决、彻底、干净、全部地歼灭中国境内的一切敢于抵抗的国民党反动派，解放全中国。中国人民解放军百万大军在东起江苏江阴、

---

① 《科拉罗夫关于苏、保、南领导人会谈的笔记（摘录）》（1948 年 2 月 10 日），沈志华主编：《苏联历史档案选编》第 24 卷，社会科学文献出版社 2002 年版，第 231 页。

② "'虎豹'比喻美帝国主义；下句'豪杰'比喻坚持马列主义的中国革命者，'熊罴'比喻苏联霸权主义。"吴正裕主编，李捷、陈晋副主编：《毛泽东诗词全编鉴赏》，中央文献出版社 2003 年版，第 351 页。

西至江西湖口的 500 余千米的战线上渡过长江。4 月 20 日，解放军首先遇到英国舰只"紫石英号"的挑衅。人民解放军予以坚决打击，"紫石英号"被重创后逃出长江口①。4 月 26 日，丘吉尔在英国下院以老牌海权大国的傲慢，要求英国政府派一两艘航空母舰"实行武力报复"。艾德礼也在当天表示：英国有权开动军舰进入中国的长江。②4 月 30 日，毛泽东为中国人民解放军总部发言人起草关于英国军舰暴行的声明，声明中说：

我们斥责战争贩子丘吉尔的狂妄声明。4 月 26 日，丘吉尔在英国下院，要求英国政府派两艘航空母舰去远东，"实行武力的报复"。丘吉尔先生，你"报复"什么？英国的军舰和国民党的军舰一道，闯入中国人民解放军的防区，并向人民解放军开炮，致使人民解放军的忠勇战士伤亡 252 人之多。英国人跑进中国境内作出这样大的犯罪行为，中国人民解放军有理由要求英国政府承认错误，并执行道歉和赔偿。难道你们今后应当做的不是这些，反而是开动军队到中国来向中国人民解放军进行"报复"吗？艾德礼首相的话也是错

---

① 时任美国驻华大使司徒雷登得到当天的消息，在此次炮击中，英舰上"死亡 17 人，20 人受伤，死者当中包括舰长和一名医生。'僚舰'号舰（Consort）由此驰往拯救，结果 9 死数伤，'黑天鹅'号舰（Black Swan）和'伦敦'号舰（London）也驰往拯救……4 艘战舰约有 100 人死伤，将近半数死亡"。司徒雷登以欺软怕硬的心态在当天的日记里写道："这乃是一次不可宽恕的袭击，我们美国舰只幸亏没有派去。"陈礼颂译、傅经波校订：《司徒雷登日记》，香港文史出版社 1982 年版，第 60 页。

1956 年 9 月 23 日，毛泽东会见参加党的八大的英国共产党代表团波立特等，在谈到 1949 年 4 月英国军舰"紫石英号"事件时说："这艘军舰是我们放它溜走的。我们放走了它，因为这是涉及中英两国关系的问题。我们的主要矛盾是同美国，不是同英国。"中共中央文献研究室编：《毛泽东年谱（1949—1976）》第 2 卷，中央文献出版社 2013 年版，第 632 页。

② 转引自中华人民共和国外交部、中共中央文献研究室编：《毛泽东外交文选》，中央文献出版社、世界知识出版社 1994 年版，第 613 页。

误的。他说英国有权开动军舰进入中国的长江。长江是中国的内河，你们英国人有什么权利将军舰开进来？没有这种权利。中国的领土主权，中国人民必须保卫，绝对不允许外国政府来侵犯。[①]

1949 年 4 月 23 日中国人民解放军占领南京，随后毛泽东作诗《七律·人民解放军占领南京》，可以说是用诗的语言对斯大林的政治答复。

七律·人民解放军占领南京 [②]

（1949 年 4 月）

钟山风雨起苍黄，百万雄师过大江。

虎踞龙盘今胜昔，天翻地覆慨而慷。

宜将胜勇追穷寇，不可沽名学霸王。

天若有情天亦老，人间正道是沧桑。

毛泽东在这首诗中既是言情，又在言志。这首诗不仅是向蒋介石政权下达的死亡通知书，更是对美苏欲使中国划江而治的战略默契的严肃正告，意在告诉国际上一切想利用中国内战分裂中国的国际"友人"或敌人们，中国统一势不可当。1964 年郭沫若在评论这

---

① 《中国人民解放军总部发言人为英国军舰暴行发表的声明》（1949 年 4 月 30 日），中华人民共和国外交部、中共中央文献研究室编：《毛泽东外交文选》，中央文献出版社、世界知识出版社 1994 年版，第 84—85 页。

② 吴正裕主编，李捷、陈晋副主编：《毛泽东诗词全编鉴赏》，中央文献出版社 2003 年版，第 191 页。

钟山风雨起苍黄，百万雄
师过大江。虎踞龙盘今胜昔，
天翻地覆慨而慷。宜将剩勇
追穷寇，不可沽名学霸王。
天若有情天亦老，人间
正道是沧桑。

首诗时说："就在解放南京战役的前后，国内外都有一些好心肠的朋友主张中国南北分治，适可而止，不要惹起帝国主义特别是美帝国主义的干涉。"①

可见，1949 年 4 月，毛泽东领导的中国共产党在面临巨大的国际压力下果断作出渡江的决定，对中国命运的影响是巨大和深远的。其意义与 19 世纪 60 年代美国总统林肯统一国家南北的意义一样，如果没有 1949 年毛泽东顶住巨大的压力挥师过江的决定，那么中国的社会主义制度只能限于长江以北，并且最多只能落得东欧那种依附于苏联的地位；同样，江南的蒋介石的资本主义制度最多也只能成为依附于美国的亚洲版的"拉美"式国家。果真如此，那么，今天中国就是一个任何帝国主义国家都可以耀武扬威地任意出入的国家，今天中国的整体地位必将远远地落后于印度。斯大林明白这个道理，1945 年他告诉前去谈判的蒋经国说："只要你们中国能够统一，比任何国家的进步都要快。"②

"钟山风雨起苍黄，百万雄师过大江。"在作了上述地缘政治关键地域的力量准备后，1949 年 3 月 31 日，毛泽东和刘少奇、朱德等在接见第四野战军师以上干部时传达了志在必得的信心，他说：

国民党反动统治机构即将土崩瓦解，归于消灭了。我们三路大军浩浩荡荡就要下江南了，声势大得很，气魄大得很。同志们，下

---

① 张铁民编著：《毛泽东诗词集解》，吉林文史出版社 2005 年版，第 106 页。
② 曾景忠、梁之彦选编：《蒋经国自述》，团结出版社 2005 年版，第 112 页。

江南去！我们一定要赢得全国的胜利！[①]

"宜将胜勇追穷寇，不可沽名学霸王。"历史的变化是无情的，在不同的领袖手中，历史可以向好的方面转化，也可以向不好的方面转化。1949 年 4 月，毛泽东领导的中国共产党在巨大压力下果断作出渡江的决策，对亚洲继而世界命运的影响是积极和深远的。1949 年，中国的统一又使亚洲——较之欧洲而言——从欧洲式对称型破碎的地缘政治劣势转为以中国为主体板块的地缘政治优势。中国在亚洲的主体国家地理板块，使亚洲有了稳定的地缘政治条件，这又反过来增强了世界和平的保障力量。正是亚洲拥有了中国这样一个巨大而统一的亚洲主体板块，才使欧洲、美国，乃至当时的苏联失去了随心所欲支配亚洲事务的条件，并为亚洲独立的意识提供了政治根基；有了中国这个主体板块的地缘政治根基，中国周边国家才有可以同美国讨价还价的条件，包括中国在内的东亚国家在美国的眼中才有了"亚太"而不仅仅是"远东"的概念。

对于当时所谓"划江而治"的舆论，毛泽东更是明察秋毫。据时任中国民主促进会领导人的雷洁琼先生回忆，1948 年 12 月，她在西柏坡曾当面问毛泽东："美国和苏联都赞同中国'划江而治'，在国际和国内有不少拥护者，您怎么看这个问题？怎样看'划江而治'的社会基础？"雷老回忆道：

毛泽东笑了，笑声很爽朗，很感染人。毛泽东说，美国和苏联

---

① 中共中央文献研究室编：《毛泽东年谱（1893—1949）》下卷，中央文献出版社 2013 年版，第 473 页。

立场虽然不同，但在这个问题上都是站在他们各自的利益上给我们增加压力，用军事实力、政治实力形成了一种国际国内舆论，一种暂时性表面化的社会基础。这就是从表面上看、暂时性看问题，不顾一切代价追求"和平"，而不管这种和平能不能长久。决定国家大事，应该从国家和人民的长远利益、根本利益考虑问题。为了一个统一的新中国，我们中国共产党必须透过现象看本质，放弃暂时抓长远，将革命进行到底。如果不是这样，搞什么划江而治，将后患无穷。在中国历史上每一次分裂，再次统一都要很长时间，人民会付出好多倍的代价！事关举国长远大计，我们共产党一定要站在人民的立场，看得远一点，不受其他国家的影响。[①]

后来毛泽东对斯大林在对华政策上的"小九九"作了深刻的总结式的批评。1958 年 7 月 22 日，毛泽东对苏联驻华大使尤金说"斯大林在最紧要的关头，不让我们革命，反对我们革命。在这一点上，他犯了很大的错误"；"第三国际已经解散了，还下命令，说你们不与蒋介石讲和、打内战的话，中华民族有灭亡的危险。然而我们并没有灭亡"。[②]

被美国推举出来替代蒋介石的"稳健派"李宗仁主张与江北的共产党"和谈"，其要害在变相落实《雅尔塔协定》，置中国于事实上的"南北朝"形势之中，果真如此，今天的"台海两岸"分离状

[①]　马社香：《"公者千古，私者一时"——雷洁琼访谈录》，载《党的文献》2011 年第 3 期，第 108 页。

[②]　毛泽东：《同苏联驻华大使尤金的谈话》(1958 年 7 月 22 日)，中华人民共和国外交部、中共中央文献研究室编：《毛泽东外交文选》，中央文献出版社、世界知识出版社 1994 年版，第324、326 页。

态就会变成"长江两岸"的分裂状态，中华民族由此也就坠入了万劫不复的深渊。关于此，李宗仁本人后来在其回忆录中也作了深深的悔罪。他说：

　　但在今天回顾那时的情况，我不禁不寒而栗了。我今天感到庆幸的是：当年与我打交道的美国方面的领袖人物都是一些没有经验的人。这些人在现状不变的局势下指导世界事务是能干的，但处理起严重的国际危机时，则肯定是无能为力。如果他们要像约瑟夫·斯大林那样冷酷和精明，像他一样善于抓住时机，中国肯定是会完了。如果美国人全力支持我，使我得以沿长江和毛泽东划分中国，中国就会陷入像今天的朝鲜、德国、老挝和越南同样悲惨的局面了。南部政府得靠美国生存，而北部政府也只能仰苏联鼻息，除各树一帜，互相残杀外，二者都无法求得真正之独立。又因中国是六亿人的大国，这样一来，她就会陷于比前面提到过的三个小国家更为深重的痛苦之中，而民族所受的创伤则恐怕几代人也无法治好了。如果这种事情真的发生了，在我们敬爱祖国的未来历史上，我会成为什么样的罪人呢？①

　　这段文字，读起来令人心酸。当年满口"公开透明"和代表"改革运动"力量的李宗仁，这时才知道说大话容易而落实大话却是何等之难；不仅如此，空话有时还会给民族造成难以承受的灾难。同时，我们中国人应为有毛泽东这样的领袖而感到幸运，我们应对

---

① 李宗仁口述，唐德刚撰写：《李宗仁回忆录》，广西人民出版社 1980 年版，第 949—950 页。

毛泽东那一代共产党人表示永远的敬意。

"天若有情天亦老，人间正道是沧桑"。历史真就是此一时，彼一时。就在印度、越南、朝鲜等周边国家大面积出现国家分裂的时候，中国在共产党的领导下获得基本统一。

西北安全得到保证：

《浣溪沙·和柳亚子先生》

1949 年 10 月 1 日新中国成立，毛泽东当时考虑的是不学李自成，如何能巩固新生的社会主义国家。当时中国南方战事尚未完全结束，必须先稳固北方。北方无非是西北和东北。这是因为最适合骑兵和步兵大规模作战的地理条件就是平地，而这在中国西北高原和东北大平原就显示出其地缘政治优势。与此相反，广大的南方山地则是适合游击战的地理条件。中国西域的稳定既关联中原，又关联中亚乃至欧洲。民国时期著名历史学家朱希祖[1]指出："西域一地，在吾国常人视之，以为边疆，无足轻重；而以亚洲全局观之，实为中枢。"[2] 左宗棠更从国家统一的视角指出新疆的重要性，他在《遵旨统筹全局折》中指出："是故重新疆者所以保蒙古，保蒙古者所以卫京师，西北臂指相连，形势完整，自无隙可乘。若新疆不固，则蒙部不安。匪恃陕、甘、山西各边时虞侵轶，防不胜防，即直北关山，

---

[1] 朱希祖（1879—1944 年），著名的史学家。浙江嘉兴府海盐县人，字逖先，又作迪先、逷先。清道光状元朱昌颐族孙。历任北京大学、北京师范大学、清华大学、辅仁大学、中山大学及中央大学（1949 年后更名南京大学）等校教授。

[2] 曾问吾：《中国经营西域史·朱希祖〈序〉》，商务印书馆 1936 年版，第 1 页。

亦将无晏眠之日。"①

为了保障西域的稳定,自古凉州多好马。马车在当时就是重装备,大规模养马在古代就是成建制的重装备制造,这是平乱部队有效发挥作用的先决条件。有了这些条件,西域可保无虞。反之,叛军控制了甘肃就进入了关中平原。而西北之要在新疆,新疆不保,京师及中原就不能安定。1949 年,解放大军摧枯拉朽一路凯歌,先后解放华北、东北,直逼陕甘。如何顺利地解决西北的问题,是毛泽东考虑稳定全国的重要方面。在如何解决这些地区的方法上,明清以至国民党政府多用残暴清洗的方式,结果积累下太多难以化解的民族仇恨。毛泽东力主避免这种方式,他当时考虑最多的是用震动较小的"全城为上"的和平接收方式。

1949 年 3 月,在党的七届二中全会期间,毛泽东考虑部队进军新疆。4 月 28 日,毛泽东致电彭德怀指出:"用和平方法解决西北问题。看样子,此种可能性是存在的。张治中等人现在决定留平,并向我方靠拢。用和平方式解决西北问题这件事,我们或须考虑通过张治中的帮助去做。"② 8 月 6 日,毛泽东致电彭德怀:"除用战斗方式解决外,尚须兼取政治方式去解决,对此你们有何意见?"③8 月 26 日,彭德怀率第一野战军占领兰州继而占领甘肃全境之后,经过张治中斡旋,9 月 25 日、26 日,新疆的国民革命军军政长官陶峙岳、

① [清]左宗棠:《遵旨统筹全局折》,《左宗棠全集·奏稿6》,岳麓书社 2009 年版,第 649 页。
② 毛泽东:《用和平方法解决西北问题的可能性是存在的》(1949 年 4 月 28 日),中共中央文献研究室、中国人民解放军军事科学院编:《毛泽东军事文集》第 5 卷,军事科学出版社、中央文献出版社 1993 年版,第 564 页。
③ 毛泽东:《兼取政治方式解决西北地区》(1949 年 8 月 6 日),中共中央文献研究室、中国人民解放军军事科学院编:《毛泽东军事文集》第 5 卷,军事科学出版社、中央文献出版社 1993 年版,第 654 页。

包尔汗等宣布脱离广州的临时国民政府起义。第一野战军第一兵团在王震将军率领下攻占乌鲁木齐。10 月 12 日，中国人民解放军进军新疆；10 月 20 日，进驻新疆省会迪化；11 月 7 日，王震、徐立清等同志到达迪化，受到热烈欢迎。新疆和平解放。

1950 年 3 月，蒋介石委任匪首乌斯满纠集惯匪和散兵游勇，并以残酷屠杀等手段，胁迫牧民 2 万多人发动武装叛乱，叛乱迅速蔓延到天山南北。新疆军区迅速组织了剿匪指挥部，由王震亲自担任总指挥，张希钦任参谋长，第六军军长罗元发担任北疆剿匪前线指挥官。4 月 14 日，剿匪大军兵分两路，取道深山密林、雪原戈壁，日夜兼程，向叛匪巢穴大、小红柳峡奔袭。出其不意地突入使匪帮乱成一团，丢下大批尸体，纷纷四散逃命，仅乌斯满和少数头目侥幸逃脱。至 6 月 20 日，新疆军区宣布：经过两个多月的剿匪斗争，大股匪帮业已击溃，剿匪斗争获得重大胜利。由新疆逃至甘肃敦煌、安西一带的乌斯满、尧乐博斯等残匪，经新疆、甘肃部队联合清剿，于 11 月全部被人民解放军歼灭。参加叛乱的国民党军官马占林（副师长）被俘，乌斯满于 1952 年 2 月在甘肃被捕获，贾尼木汉、乌拉孜拜亦先后就擒，仅尧乐博斯只身逃往台湾。

三大战役后，东北回到新中国怀抱，新疆也得到和平解放，1949 年 10 月成立的新中国的东北和西北两翼的安全得到基本保证。1950 年 10 月国庆节，新疆平叛已取得绝对胜利，毛泽东心情好极了，在国庆观剧期间与柳亚子先生"因步其韵奉和"，欣然挥就《浣溪沙·和柳亚子先生》：

长夜难明赤县天，百年魔怪舞翩跹，人民五亿不团圆。

一唱雄鸡天下白，万方乐奏有于阗，诗人兴会更无前。

永柳十六七 词二首

毛泽东

浣溪沙·和柳亚子先生①

（1950 年 10 月）

长夜难明赤县天，百年魔怪舞翩跹，人民五亿不团圆。一唱雄鸡天下白，万方乐奏有于阗，诗人兴会更无前。

为什么是于阗？

于阗，新疆维吾尔自治区西南部县名，1959 年改于田。古有于阗国（公元前 232—1006 年），唐代安西都护府安西四镇②之一。地处塔里木盆地南沿，东通且末、鄯善，西通莎车、疏勒，盛时领地包括今和田、皮山、墨玉、洛浦、策勒、于田、民丰等县市，都西城（今和田约特干遗址）。

历代治疆经验表明：治疆之要在南疆——为此唐朝治疆以安西

---

① 吴正裕主编，李捷、陈晋副主编：《毛泽东诗词全编鉴赏》，中央文献出版社 2003 年版，第 215 页。

② 安西四镇，指中国唐代前期在西北地区设置、由安西都护府统辖的四个军镇。唐贞观十四年（640 年）八月唐灭高昌国，九月置安西都护府于西州交河城（今新疆吐鲁番西交河故城遗址），管理西域地区军政事务。贞观二十二年（648 年），唐军进驻龟兹国以后，便将安西都护府移至龟兹国都城（今新疆库车），同时在龟兹、焉耆（今新疆焉耆西南）、于阗（今新疆和田西南）、疏勒（今新疆喀什）四城修筑城堡，建置军镇，由安西都护兼统，故简称安西四镇。唐高宗调露元年（679 年），在唐安抚大使裴行俭平定匐延都督阿史那都支等人的反叛后，以碎叶镇城代焉耆。从此安西四镇是碎叶、龟兹、于阗、疏勒。唐开元六年（718 年），唐玄宗任命汤嘉惠为四镇节度经略使，从此四镇由专设的节度使统领。四镇节度使或称碛西节度使。节度使常驻安西府城龟兹，由安西都护兼领，又称安西节度使。唐开元七年（719 年），汤嘉惠建议以焉耆镇代替碎叶镇，故开元七年以后的安西四镇又是龟兹、于阗、焉耆、疏勒。安史之乱后，安西、北庭以及河西、陇右驻军大部内调，吐蕃乘虚陆续占领陇右、河西诸州，安西四镇与朝廷的通道中断，然而，四镇留守军队仍坚守各镇。不久，北庭及安西四镇相继陷于吐蕃。公元 9 世纪中叶，回鹘据有天山南北及安西四镇。唐安西四镇在历史上存在了一个半世纪，对于唐朝政府抚慰西突厥，保护中西陆上交通要道，巩固唐的西北边防，都起过十分重要的作用。

都护府①为重点，南疆之要在喀什——为此唐朝以疏勒（喀什）为龙头专设安西四镇。曾问吾②在《中国经营西域史》一书中说："我国无帕米尔，则无疏勒；无疏勒，则无新疆；牵一发足以动全身，足见其地关系边防之重大！"③

疏勒即今喀什，地处欧亚大陆中部，是丝绸之路上的商埠重镇和进入中亚的重要交通枢纽，也是历史上西藏与新疆联系的重要通道。这里所说的喀什并非仅指今天的喀什市区，而是指以喀什为中心的南疆地缘政治构架。从东汉班超收复西域，唐朝粉碎小勃律分裂活动，清政府平息噶尔丹、张格尔和阿古柏分裂叛乱等的行动路线可以看出，如果没有新疆东北的阿克苏和东南的和田两区与喀什形成的掎角呼应，仅靠喀什一域并不足以在南疆成势。因此，乾隆治理南疆中曾将南疆城镇分为四级，其中喀什、叶尔羌、阿克苏、和阗④四镇为首要重地，其中的"于阗是唐廷谋略西域经营的初始地，在其实现西域战略的进程中一度占据有特殊地位。"⑤学者田海峰

---

① 安西都护府，唐贞观十四年（640年）置，治所在西州（今新疆吐鲁番县东南高昌废址）。显庆三年（658年）移治龟兹都督府（今新疆库车县东郊皮朗旧城）。辖境约包括今阿尔泰山以西、威海以东以及阿姆河流域、葱岭东西、塔里木盆地大部地区。咸亨元年（670年）以后又移治碎叶镇（今吉尔吉斯斯坦境内托克马克），长寿二年（693年）还治龟兹都督府。贞元六年（790年）后其城为吐蕃攻点，遂废。复旦大学历史地理研究所《中国历史地名辞典》编委会编：《中国历史地名辞典》，江西教育出版社1986年版，第356页。

② 曾问吾（1900—1979年），广东省兴宁市黄槐镇人，1931年于南京国立中央大学政治学系毕业后，在国民党军队参谋本部边务研究所工作，其间完成《中国经营西域史》。1941年秋，任湖南省政府设计委员会教育委员。1942年西上陪都重庆，调任国防部二厅五处边务研究室少将主任，主持西部边疆国防建设研究工作。1944年任新疆东部大县吐鲁番县县长。1947年离职返乡，积极筹办龙光中学（今黄陂中学）并担任首任校长。1979年病逝。

③ 曾问吾：《中国经营西域史》，商务印书馆1936年版，第448页。

④ 和阗，和田旧称。1959年更名为"和田"。

⑤ 田海峰：《唐代于阗经略研究》，杜文玉主编，《唐史论丛》第30辑，三秦出版社2020年版，第66页。

写道:"于阗是唐廷谋略西域经营的初始地,在其实现西域战略的进程中一度占据有特殊地位。其一,从地缘政治角度来讲,于阗地处塔里木南道要冲,至隋唐时期,于阗国所辖绿洲基本横跨南道。其东与陇右沙州接壤,是李唐继河西走廊之后,战略板块的向西延伸。加之,历史上的于阗国一度是中央政权致力于西北边防的忠实支持者,由此,于阗成为唐廷实施西域战略、构建西北边防体系的首要着眼点。其二,在吐蕃尚未兴盛之前,于阗独控塔里木南道沿线绿洲,是唐廷经由南道逐渐向北道渗透,进而控制整个塔里木的战略后方。同时也是唐廷向西拓展战略空间、北上构建天山防线、平衡与掌控西突厥局势的战略前沿。其三,在吐蕃兴起扩边之后,于阗成为唐廷抵御吐蕃侵扰安西四镇的重要防线。虽曾几番陷于吐蕃,但凭借其天然的防御地理环境与唐廷积极的经略方针,于阗镇守军不仅有效抵御了吐蕃对塔里木的入侵行动,还将唐蕃在安西四镇的战略冲突转移至葱岭一带,减缓了西北边防的正面防御压力。由此,于阗成为唐廷在塔里木经略时间最长的地域。"[1]

　　于阗的稳定表明南疆已回归人民怀抱,而南疆的稳定又让熟悉中国历史的毛泽东看到新疆乃至西藏的长治久安有了可喜的基础。明乎此,也就理解了毛泽东在听到来自新疆文工团中有于阗的代表弹奏的音乐时,由衷发出的"诗人兴会更无前"的诗意所在。

---

[1]　田海峰:《唐代于阗经略研究》,杜文玉主编,《唐史论丛》第30辑,三秦出版社2020年版,第66—67页。

"守住了三八线","换了人间":

《浪淘沙·北戴河》

在注意西北政治稳定的同时,毛泽东的目光一刻也没有离开东北。毛泽东知道,隋唐都没有处理好东北问题,以致东北成了颠覆明朝政权、冲垮国民党政权的政治风暴的策源地。历史经验表明,东北稳定与否,直接关乎新生政权的安危。1949 年 3 月 23 日,毛泽东和周恩来乘汽车离开西柏坡前往北平,出发时,毛泽东对周恩来说:"今天是进京的日子,进京赶考去。"周恩来笑答:"我们应当都能考试及格,不要退回来。"毛泽东说:"退回来就失败了。我们决不当李自成,我们都希望考个好成绩。"[①]毛泽东明白:腐败在初取天下的农民政权那里普遍存在,但并非都因此像李自成政权那样甫立即亡;关外失控——而非仅仅是所谓新政权自身的腐败——才是导致李自成败退的主要原因。1944 年 3 月 19 日,郭沫若为总结明亡和李自成起义失败的教训撰写《甲申三百年祭》,认为在李自成的"种种的错误"[②]中,造成"后来失败的大漏洞"[③]因而最具颠覆性的错误恐怕就是从战略上忽视"关外问题"对于新政权生死存亡的迫切关联性。郭沫若批评说,李自成入主北京城后因小事丢失山海关,是"太不通政略"[④]。郭沫若的这篇文章在重庆《新华日报》上连载发表,发表后受到毛泽东和中共中央的重视,中共中央将《甲申三百

---

① 中共中央文献研究室编:《毛泽东年谱(1893—1949)》下卷,中央文献出版社 2013 年版,第 470 页。

② 郭沫若:《甲申三百年祭》,人民出版社 1954 年版,第 2 页。

③ 郭沫若:《甲申三百年祭》,人民出版社 1954 年版,第 13 页。

④ 郭沫若:《甲申三百年祭》,人民出版社 1954 年版,第 13 页。

年祭》作为中共整风的文件之一。该文章在延安和各解放区多次印成单行本，产生了很大的影响。

为什么毛泽东这么看重东北？这就需要我们了解中国地缘政治的特点。

国家安全与其地理形势息息相关。中国地形是平原少山地多。平原与山地具有完全不同的地缘政治功能。前者有利于大规模成建制的军力合成，而后者则有利于分解成建制装备和部队的合力，这给游击战在中国留下了大显身手的天地。中国海拔 500 米以上的山地和高原占全国总面积的 2/3，这样的地形围绕华北平原由西向东形成半月形包围，它们犹如耸立起的一簇簇铁刃，将进入其中的形成于平原地带的集团军战斗合力瞬间以碎片化的方式予以消解，使能发挥当地人民主动性和创造性的游击战的优势成倍增加。这不仅是将欧洲军事理论生搬至中国境内作战的西方入侵者无不以失败告终的重要原因，而且是模仿欧洲军事理论的国民党军队在与军事理论完全本土化的共产党军队作战时屡战屡败的重要原因。

海上和山地均不能形成成建制的军事合力及由此带来的大规模和长期的装备持续跟进的时空条件。历史表明，外敌从东海的入侵并不能动摇中国国力的根本，而从朝鲜半岛登高西进后就是一泻千里的东北大平原；占据东北大平原就有了成建制的军事合力及其装备大规模形成和长期持续跟进的空间条件。有了源源不断的部队及其装备的持续跟进——而这些在海上和山地是不能实现的，就可造成地区性长期占领的物质条件。由于占据东北三省，20 世纪三四十年代日本侵略中国的战争可以持续 14 年；由于没有陆基遑论东三省，19 世纪 40 年代英国只能对中国进行短期侵扰。经验表明，装备跟进的规模和持续时间长短决定战争的成败，陆基而非海基的大小决定装备制造及其跟进的持续时间的长短。

与西北高原地区不同，从西北东进中原须经关中平原，或从蒙古高原南下中原仍有一系列山川险固需要克服。而东北平原则不同，南出东北平原，仅有山海关一线之隔，越过山海关，就是呈扇形推开的更为广阔的华北平原，这使得形成于东北平原的大规模集团军合成战力优势有了更为广阔的释放空间。东北不保，华北危矣，故此，抗战结束后，中共与国民党争夺最激烈的是东北，东北平定后，中国共产党解放全中国就只是时间问题。1949 年 3 月 31 日，毛泽东在香山宴请第四野战军师以上干部时说：

> 国民党反动统治机构即将土崩瓦解，归于消灭了。我们三路大军浩浩荡荡就要下江南了，声势大得很，气魄大得很。同志们，下江南去！我们一定要赢得全国的胜利。[①]

事实上，"关外问题"并非始于明代，自隋朝始就日益成为中国政治稳定的"软肋"：隋朝之后中国历史上多次出现全国性的长期战乱，其爆发源头多来自关外，这一地区任何的动荡都会很快传递到政治中枢北京，如果政治中枢对此反应无力或失败，接踵而至的就是中央政权退至长江一线，其结果要么是国家分裂，要么是政权更迭。二者必居其一。隋炀帝和唐太宗都曾意识到但无力消除酝酿于东北关外的乱源，至明朝时东北业已成为中国政治风暴持续发作

---

① 中共中央文献研究室编：《毛泽东年谱（1893—1949）》下卷，中央文献出版社 2013 年版，第 473 页。

的风口。毛泽东注意到了这点并因此对东北平原在中国地缘政治中的极端重要性予以高度重视：要想逐鹿中原，就得先获得并巩固东三省。1965 年 5 月 26 日，毛泽东重上井冈山，对汪东兴说："长征中正确的路线应该是先向陕北，再向华北、东北。"①

1945 年日本投降前夕，已占据陕北高原的毛泽东高度重视东北的战略意义。5 月 31 日，毛泽东在党的七大上作关于政治报告讨论的结论时明确指出："东北四省②极重要，有可能在我们的领导下。有了东北四省，我们即有了胜利的基础。"③6 月 10 日，毛泽东在会上作关于选举候补中央委员问题的报告时再次强调：

东北是很重要的，从我们党的发展，从中国革命的最近将来的前途看，东北是特别重要的。只要我们有了东北，中国革命就有了巩固的基础。④

1945 年 10 月 19 日，毛泽东修改《中共中央关于目前东北发展方针给东北局的指示》，加写一段话："我党方针是集中主力于锦州、营口、沈阳之线，次要力量于庄河、安东之线，坚决拒止蒋军登陆及歼灭其一切可能的进攻，首先保卫辽宁、安东，然后掌握全东

---

① 中共中央文献研究室编：《毛泽东年谱（1949—1976）》第 5 卷，中央文献出版社 2013 年版，第 496 页。

② 四省是指中华民国时期的东北三省：奉天（辽宁、内蒙古通辽、内蒙古兴安盟）、吉林（吉林和黑龙江东部）、黑龙江（黑龙江中西部和内蒙古呼伦贝尔）再加上热河省。

③ 中共中央文献研究室编：《毛泽东年谱（1893—1949）》中卷，中央文献出版社 2013 年版，第 602 页。

④ 中共中央文献研究室编：《毛泽东年谱（1893—1949）》中卷，中央文献出版社 2013 年版，第 604 页。

北。"① 10月23日，毛泽东又致电东北局，要求："竭尽全力独占全东北。"②

东北问题解决后，毛泽东就在党的七届二中全会的报告中说："我们很快就要在全国胜利了。夺取这个胜利，已经是不要很久的时间和不要花很大的气力了"；同时，毛泽东考虑更多的是如何巩固这个胜利，他接着说："巩固这个胜利，则是需要很久的时间和要花费很大的气力的事情。"③

与李自成初取天下时面临的形势相似，1949年10月1日新中国成立，1950年6月东北亚便燃起了战火——6月27日美国出兵朝鲜。受朝鲜金日成请求④，又得到苏联支持承诺，以毛泽东为核心的党中央和中国政府决定出兵协助朝鲜人民抗击美国的挑衅，1953年7月，历时2年零9个月，美国被迫在《朝鲜停战协定》⑤上签字。至此，抗美援朝战争宣告结束。对中国而言，抗美援朝战争的胜利，

---

① 毛泽东:《目前东北发展方针》，中共中央文献研究室、中国人民解放军军事科学院编:《毛泽东军事文集》第3卷，军事科学出版社、中央文献出版社1993年版，第64页。

② 中共中央文献研究室编:《毛泽东年谱（1893—1949）》下卷，中央文献出版社2013年版，第38页。

③ 中共中央文献研究室编:《毛泽东年谱（1893—1949）》下卷，中央文献出版社2013年版，第465页。

④ 1949年5月，朝鲜劳动党和朝鲜民主主义人民共和国重要领导人金一拜会毛泽东和朱德。"在北平，金一会见朱德和周恩来4次，会见毛泽东1次。金一向毛泽东转交了一封朝鲜劳动党中央的信，请求必要时把中国人民解放军中的朝鲜师转属朝鲜政府。毛泽东指出，中国人民解放军的3个朝鲜师中，有2个驻扎在沈阳和长春，另一个正在参加进攻战役。毛泽东说，他们随时准备把驻扎在东北的2个师连同全部装备，移交给朝鲜政府。另一个师，他们只有等战斗结束后才能从南方回来，并至少也得一个月后才能调回。"《什特科夫致维辛斯基电：金日成通报金一在北平会谈情况》（1949年5月15日），崔海智主编:《共产党和工人党情报局文献》，中央编译出版社2017年版，第469页。

⑤ 1953年7月27日，朝鲜停战协定签字仪式在开城板门店举行。根据双方达成的协议，由双方谈判代表团首席代表先行签字。中国代表团首席代表和"联合国军"方面谈判代表团首席代表在板门店正式签署停战协定。"联合国军"总司令克拉克于汶山在停战协定上正式签字，金日成元帅于平壤在停战协定上正式签字；7月28日，彭德怀司令员在开城松岳堂的停战协定及临时补充协议上正式签字。

更将长期困扰中国的"关外问题"在中朝人民的团结和共同奋斗中被远远甩到三八线以南，中国东北、华北由此稳定至今。抗美援朝战争的胜利彻底杜绝了新中国重蹈李自成因忽视或失控于"关外问题"而功败垂成的可能。1958 年 6 月 16 日上午，毛泽东在中南海游泳池住处第二次同中国十位驻外大使和即将出任驻外大使的郝汀谈话时说："抗美援朝战争时，我是放在美国占领鸭绿江这一个基础上来考虑问题的。"①

1953 年中国抗美援朝战争胜利的意义是极其深远的。它不仅将美国抵压至三八线以南，同时也使一些国家看到中国的力量的迅速成长，从而放弃了在"雅尔塔秘密协定"中获得的并为蒋介石承认的在东北的利益。1953 年 1 月，就在朝鲜战争即将签订停战协定的前夕，苏联将从赤塔到满洲里经哈尔滨最终至大连港这条贯穿苏联远东关键利益线的中东铁路②无偿移交中国。1953 年 7 月 27 日，朝

---

① 中共中央文献研究室编：《毛泽东年谱（1949—1976）》第 3 卷，中央文献出版社 2013 年版，第 370 页。

② 中东铁路，也叫东清铁路，指沙俄修筑的从俄国赤塔经中国满洲里、哈尔滨、绥芬河到达符拉迪沃斯托克（海参崴）的铁路中在中国境内的一段铁路，简称"东清路"，民国以后改称"中国东省铁路"，简称"中东铁路"或"中东路"。光绪二十二年（1896 年），清政府特使李鸿章赴俄祝贺沙皇加冕典礼，与沙俄签订了《中俄御敌相互援助条约》（又称《中俄密约》），在《中俄密约》中规定了有关中东铁路的建设事宜。中东铁路从 1897 年 8 月破土动工，以哈尔滨为中心，分东、西、南部三线，由六处同时开始相向施工。1903 年 7 月 14 日，中东铁路全线通车营业。同时修筑的从哈尔滨直达旅顺的支线铁路（"中东铁路南满支线"）习惯上也被认为是中东铁路的一部分。1905 年，日俄战争结束时长春以南路段改属日本，称为南满铁路。俄国东省铁路公司还取得铁路两侧数十千米宽地带的行政管理权、司法管理权和驻军的特权，形成比一般租界规模大得多的"国中之国"。沿线兴起一批大小城镇，特别是东省铁路公司的管理中心，铁路枢纽哈尔滨。20 世纪 30 年代，日本占领东北以后，苏联将中东铁路卖给了日本。1945 年，苏联一度又拥有这条铁路。1945 年 8 月，南京国民政府与苏联政府签订《关于中国长春铁路之协定》，规定：中东铁路和南满铁路的干线合并为中国长春铁路，简称"中长铁路"，归中苏两国共同所有并共同经营，30 年期满后，无偿交还中国。1952 年 9 月 15 日，中苏两国发布公告，中长铁路正式移交给中华人民共和国。今天，这条铁路称滨洲铁路和滨绥铁路，都属于哈尔滨铁路局管理。

鲜人民军最高司令官及中国人民志愿军司令员与联合国军总司令在朝鲜板门店签署《朝鲜停战协定》。1953 年 9 月 12 日，毛泽东在中央人民政府委员会第二十四次会议上总结了抗美援朝的意义，第一条就是：

　　和朝鲜人民一起，打回到三八线，守住了三八线。这是很重要的。如果不打回三八线，前线仍在鸭绿江和图们江，沈阳、鞍山、抚顺这些地方的人民就不能安心生产。①

　　毛泽东与隋炀帝、唐太宗一样都注意到东北亚政局对中原政治的影响，不同的只是毛泽东没有把中国的利益安全线锁定在山海关而是锁定在朝鲜半岛的三八线。三八线使中朝人民形成了唇齿相依的安全共同体。抗美援朝的胜利及"和朝鲜人民一起打回到三八线，守住了三八线"的战果，中国东北才有了迄今仍旧稳固的安全形势。毛泽东在 20 世纪 60 年代的"三线建设"布局中才可以将"东北除外"②。了解了这些，我们就会明白，曾让唐、宋、元、明等朝廷头痛棘手的东北亚安全问题，在毛泽东这里通过与朝鲜人民的生死与共的相互援助发生了根本性的变化，这时我们再重温毛泽东 1936 年 2

---

①　毛泽东：《抗美援朝的胜利和意义》（1953 年 9 月 12 日），中共中央文献研究室、中国人民解放军军事科学院编：《毛泽东军事文集》第 6 卷，军事科学出版社、中央文献出版社 1993 年版，第 355 页。

②　1965 年 11 月 14 日，毛泽东提出美国人入侵中国的可能线路。他说："美国人很怕死，也可能不敢深入。要来嘛，大概有几条路，东北除外，当然也有可能。一是从天津上来，奔向北京；一是从青岛上来，奔向济南；一是从连云港上来，奔向徐州、开封、郑州；一是从长江上来，奔向南京。从浙江上来不大可能，但也有可能，日本不是从乍浦来到芜湖嘛！"中共中央文献研究室编：《毛泽东年谱（1949—1976）》第 5 卷，中央文献出版社 2013 年版，第 538 页。

月写的《沁园春·雪》中说的"唐宗宋祖，稍逊风骚"的诗句，就会知道此话绝非虚言。

如果明白了抗美援朝的胜利及由此中朝人民鲜血结成的友谊使中国东北亚安全战略格局的改善的关键意义，再读毛泽东于1954年夏，即签订《朝鲜军事停战协定》后的第二年，写的著名的《浪淘沙·北戴河》，就会理解其中所蕴含的战略意义。

浪淘沙·北戴河 [①]

（1954年夏）

大雨落幽燕，白浪滔天，秦皇岛外打鱼船。一片汪洋都不见，知向谁边？

往事越千年，魏武挥鞭，东临碣石有遗篇。萧瑟秋风今又是，换了人间。

1950年6月突发的朝鲜战事犹如"大雨落幽燕，白浪滔天"，1953年7月抗美援朝战争胜利，中朝人民在团结互助中共同阻止了美国为首的"联合国军"向朝鲜民主主义人民共和国发动的入侵，1961年7月11日，中朝两国签署了《中朝友好合作互助条约》，中国和朝鲜在互助团结中根除了中国东北再次受到威胁的地缘政治隐患。由此，毛泽东有了"换了人间"的心境。抗美援朝战争的胜利及中朝两国的牢固友谊使中国东北乃至中原的安全完全有了安全

---

① 吴正裕主编，李捷、陈晋副主编：《毛泽东诗词全编鉴赏》，中央文献出版社2003年版，第226页。

浪淘沙　北戴河

大雨落幽燕，白浪滔天，秦皇岛外打鱼船。一片汪洋都不见，知向谁边？

往事越千年，魏武挥鞭，东临碣石有遗篇。萧瑟秋风今又是，换了人间。

保障。

英雄总会惺惺相惜，1954年7月26日，第二天就是《朝鲜军事停战协定》签订一周年，毛泽东"乘专列从北京到北戴河，住一号楼"[1]。此前三天，也就是7月23日，毛泽东想到了曹孟德、想到北戴河，他写信给李敏、李讷说："北戴河、秦皇岛、山海关一带是曹孟德（操）到过的地方。他不仅是政治家，也是诗人，他的碣石诗是有名的。"[2]据毛泽东的保健医生吴旭君回忆，1954年夏毛泽东来到北戴河，有一天他向秘书要地图，边看边说"曹操来过这里"。吴旭君连忙问："曹操也来过北戴河？"毛泽东说："来过北戴河，登过碣石山，在建安十二年5月，他出兵打败乌桓，得胜后经过碣石山时写了《观沧海》这首诗。"吴旭君清楚地记得，1954年夏季在北戴河，休息时毛泽东常读《观沧海》。[3]

建安十二年（207年），曹操为了肃清袁氏残余势力，也为了彻底解决三郡乌桓[4]入塞为害的问题，决定远征乌桓并大获全胜，胡、汉降者20余万人。这次胜利巩固了曹操的后方，加速了曹操挥戈南下统一中国的战略实施。若把前后事件联系起来，我们可以看出，北征乌桓对曹操来说是一次多么重要的战争，而诗组《步出夏门行》正是曹操北征乌桓得胜回师经过碣石山时写的。曹操登上当年秦皇汉武也曾登过的碣石，秋风萧瑟，壮怀激烈，考虑着如何挥

---

[1]　中共中央文献研究室编：《毛泽东年谱（1949—1976）》第2卷，中央文献出版社2013年版，第262页。

[2]　中共中央文献研究室编：《毛泽东年谱（1949—1976）》第2卷，中央文献出版社2013年版，第261页。

[3]　孙宝义、刘春增、邹桂兰编著：《毛泽东的读书人生》，中共党史出版社2014年版，第295、296页。

[4]　汉末，辽西、辽东、右北平三郡乌桓结合，是为三郡乌桓。

师南下以实现他统一中国的宏愿。诗言志，"老骥伏枥，志在千里"，曹操赢在北方，志向却在统一千里以外的江南，"幸甚至哉，歌以咏志"①，曹操将自己宏伟的抱负融入在碣石留下的诗歌里。

曹操在65岁的时候，解决了山海关一带三郡乌桓对内地的威胁；1953年毛泽东正逢甲子年，抗美援朝战争的胜利及由此建立的鲜血凝结中朝友谊几乎是一劳永逸地拒止了美国势力对中国东北安全的威胁。二者尽管范围不同，但对中国安全的意义都是一样的。毛泽东将中国利益安全与朝鲜的安全利益统筹起来，将对中国东北的威胁推至朝鲜半岛上三八线以南，这是中国从唐太宗以降，没有人做到的事情。在西北和东北安全问题都解决后，再重读1950年10月毛泽东《浣溪沙·和柳亚子先生》一词中"万方乐奏有于阗，诗人兴会更无前"的诗句，我们就不难感受到毛泽东在《浪淘沙·北戴河》一词中"萧瑟秋风今又是，换了人间"诗句在西北、东北前后稳定后由衷发出的那种大自在的放松心境。

---

① 陈庆元撰：《三曹诗选评》，上海古籍出版社2018年版，第25页。

第六章

大国博弈

20世纪60年代初，中国外交进入"雪压冬云白絮飞，万花纷谢一时稀"的困难时期，但同时中国历史进入将要发生重要转折的前期。

走自己的路：

《七绝·为李进同志题所摄庐山仙人洞照》

1959—1961年中国国内经济发生严重困难。1960年粮食产量是2870亿斤，比1957年的3900亿斤减少1030亿斤，低于1952年的水平；棉花生产1960年是1600万担，比1957年的3280万担减少1680万担。钢的生产1960年虽然达到1866万吨，比1957年的530万吨增加了1336吨，但到1961年很快下降到870万吨，比1960年减少996万吨。工农业经济困难加剧了市场供应紧缺。粮食消费1957年全国人均406斤，1960年降为372斤，减少34斤。棉布、针织品的消费量也明显下降。吃、穿、用物资均感不足，职工实际生活水平下降约 30%。①

此时，中苏两党两国关系严重恶化。1959 年 1 月 3 日至 21 日，苏联部长会议第一副主席米高扬在美国度假期间会晤美国总统艾森豪威尔、副总统尼克松和国务卿杜勒斯。1 月 27 日至 2 月 5 日，苏共第二十一次代表大会召开，宣称把世界战争排除在社会生活之外的现实可能性业已产生。

1959 年 3 月 19 日，与台湾国民党准备"反攻大陆计划"东西呼应，中国西藏发生武装叛乱，达赖喇嘛随后逃往印度。4 月 27 日，印度总理尼赫鲁在人民院就西藏局势发表讲话，鼓吹召开新德里、北京、拉萨三方的所谓"圆桌会议"。6 月，苏联政府单方面撕毁了中苏于 1957 年签订的《国防新技术协定》，不再提供原子弹教学模型和技术资料、新型导弹的样品及技术资料图纸。与此同时，中印边境军事摩擦日增。9 月 9 日，苏联塔斯社发表一篇关于中国和印度边界武装冲突的声明，公开偏袒印度一方，并随后提供给印度 15 亿卢布的贷款。9 月 15 日，赫鲁晓夫访美，与艾森豪威尔举行戴维营会议，推销苏美合作共同主宰世界的方针。9 月 30 日至 10 月 2 日，赫鲁晓夫访问北京，劝说中国"不要用武力去试探资本主义制度的稳定性"②，指责中国共产党，干涉中国内部事务。中苏两党两国关系恶化。12 月，毛泽东作诗讽刺正沉醉于"G2"共治的赫鲁晓夫说："西海而今出圣人，涂脂抹粉上豪门""列宁火焰成灰烬，人类

① 《中国共产党历史讲义》下册，山东人民出版社 1981 年版，第 224—225 页。
② 肖月、朱立群主编：《简明国际关系史（1945—2002）》，世界知识出版社 2003 年版，第 126 页。

从兹入大同"。① 1960 年 7 月始，苏联不断在中苏边界寻衅。1961 年，正值中国经济最困难的时期，苏联要求中国本息一起偿还抗美援朝战争时苏联援华军事物资的贷款，同年，美国在南越发动"特种战争"，与苏联对中国形成"南北夹击"的态势。1962 年四五月间，苏联当局通过其驻中国新疆的机构和人员，在伊犁、塔城地区引诱和胁迫数万名中国公民流入苏联境内。10 月 20 日，印度军队又从西南方向对中国领土发动大规模全线进攻，中国被迫进行自卫反击战。此后中印关系全面恶化。中华人民共和国遇到"万花纷谢一时稀"② 的艰难处境。

1963 年 8 月 5 日，苏、美、英三国在莫斯科签订了《禁止在大气层、外层空间和水下进行核武器试验条约》，这是"G3"共治的第一个重大结果，明眼人一看就知道这是指向当时已经拥有成熟核技术的中国和刚成功进行了核试爆的法国的。针对这个条约，毛泽东讽刺并愤怒地说："不见前年秋月朗，订了三家条约。还有吃的，土豆烧熟了，再加牛肉。不须放屁！试看天地翻覆。"③ 可见，毛泽东对赫鲁晓夫"涂脂抹粉上豪门"的外交政策的愤怒已臻极点。

1959 年 11 月 3 日，毛泽东与周恩来、彭真等同志讨论赫鲁晓夫问题，彭真说，赫鲁晓夫迷恋西方首脑会议，西方就拿着这个首脑会议像钓鱼一样钓着他，他总想吃。毛泽东接着说："有一天，西

---

① 中共中央文献研究室编：《毛泽东年谱（1949—1976）》第 4 卷，中央文献出版社 2013 年版，第 294 页。

② 1962 年 12 月 26 日，毛泽东以"冬云"为题作七律诗记录了当时的处境和心境。

③ 毛泽东：《念奴娇·鸟儿问答》（1965 年秋），吴正裕主编，李捷、陈晋副主编：《毛泽东诗词全编鉴赏》，中央文献出版社 2003 年版，第 403 页。

方一翻脸，他就处于被动。"①11 月 12 日，毛泽东对王稼祥等同志揭露赫鲁晓夫的机会主义和修正主义本质，他说："他现在假借列宁的名义，假借列宁的所谓灵活，把锋芒去掉。"②赫鲁晓夫的变节将中国置于南北两线作战的困境，对此，毛泽东向同志们坚定地表示："现在，硬着头皮顶着是对两方面的：一方面对赫鲁晓夫，一方面对艾森豪威尔。"③但毛泽东表示，不会随苏联路线变化而变化，决心走自己的路。他在 1961 年 9 月 9 日写下《七绝·为李进同志题所摄庐山仙人洞照》：

七绝·为李进同志题所摄庐山仙人洞照 ④

(1961 年 9 月 9 日)

暮色苍茫看劲松，乱云飞渡仍从容。

天生一个仙人洞，无限风光在险峰。

看着赫鲁晓夫在乱云飞渡时那不从容的乱来作派，1959 年 12 月 4 日，毛泽东在中共中央政治局扩大会议上说，赫鲁晓夫"他不是老练的政治家，不大懂马列主义，不讲原则，翻云覆雨。他一怕

---

① 中共中央文献研究室编：《毛泽东年谱（1949—1976）》第 4 卷，中央文献出版社 2013 年版，第 232 页。

② 中共中央文献研究室编：《毛泽东年谱（1949—1976）》第 4 卷，中央文献出版社 2013 年版，第 238 页。

③ 中共中央文献研究室编：《毛泽东年谱（1949—1976）》第 4 卷，中央文献出版社 2013 年版，第 239 页。

④ 吴正裕主编，李捷、陈晋副主编：《毛泽东诗词全编鉴赏》，中央文献出版社 2003 年版，第 305 页。

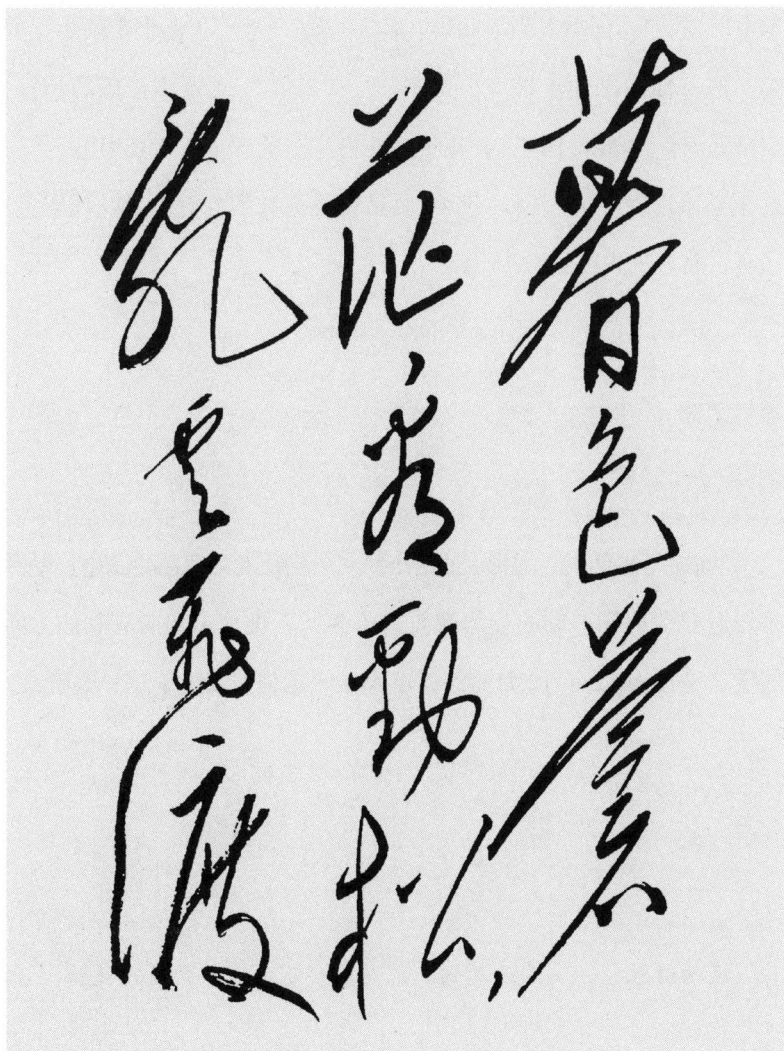

美国，二怕中国。他的宇宙观是实用主义，这是一种极端的主观唯心主义。他缺乏章法，只要有利，随遇而变。迷恋于暂时的利益，丢掉长远的利益。"[1] 当月，毛泽东又在一份关于国际形势的讲话提纲上写道："赫鲁晓夫们很幼稚。他不懂马列主义，易受帝国主义的骗。他不懂中国达于极点，又不研究，相信一大堆不正确的情报，信口开河。他如果不改正，几年后他将完全破产（八年之后）。"[2] 还是让毛泽东说中了：1964 年 10 月赫鲁晓夫被解除党内外一切职务。当时，赫鲁晓夫已执政 11 年。

等待策略：

《卜算子·咏梅》

"前途是光明的，道路是曲折的"[3]，无限风光都在险途中，毛泽东知道要争取到有利的形势就要善于等待，促成形势向有利的方向转变。他在 1961 年 12 月写的《卜算子·咏梅》表达了这一心境：

卜算子·咏梅

（1961 年 12 月）

风雨送春归，飞雪迎春到。已是悬崖百丈冰，犹有花枝俏。 俏

---

[1] 中共中央文献研究室编：《毛泽东年谱（1949—1976）》第 4 卷，中央文献出版社 2013 年版，第 247 页；参阅同书第 399—400 页。

[2] 转引自逄先知、金冲及主编：《毛泽东传 1949—1976》下，中央文献出版社 2003 年版，第 1034 页。

[3] 毛泽东：《关于重庆谈判》，《毛泽东选集》第 4 卷，人民出版社 1991 年版，第 1163 页。

词

咏梅，做陆游，反其意而
用之。（辣不差表）
　　　　毛泽东：

一九六一年十二月二十七日

小算子，

风雨送春归，
飞雪迎春到。
已是悬崖百丈冰，
犹有花枝俏。

俏也 × × ×
梅不争春，

也不争春，只把春来报。待到山花烂漫时，她在丛中笑。[①]

　　1961 年，中国经济处于最困难的时期，苏联要求中国本息一起偿还抗美援朝战争时苏联援华军事物资的贷款，同年，美国在南越发动的"特种战争"，与苏联对中国形成"南北夹击"的态势。这种形势用"已是悬崖百丈冰"来形容一点也不为过。但毛泽东知道，共产主义道路艰辛曲折，历史规律总是不变的，时间总是站在符合规律的一方，而"花枝俏"的一方必定是符合历史规律并善于运用历史规律的一方。

　　1941 年 7 月 15、17 日，毛泽东分别复电周恩来、刘少奇，提出"与日寇熬时间的长期的方针，而不采孤注一掷的方针"，指出："七七宣言上已提积极进攻口号，将来可用带战略性的反攻口号。""但八路、新四大规模动作仍不适宜，还是熬时间的长期斗争的方针，原因是我军各种条件均弱，大动必伤元气，于我于苏均不利。"[②] 1944 年 4 月 9 日，毛泽东复信陈毅："忍耐最难，但作为一个政治家，必须练习忍耐。"[③] 1945 年 5 月 24 日，毛泽东在党的七大报告中就统一战线的经验总结说："最近十年，我们采取了忍耐的态度，这样的方针帮助了我们，虽然也出了些纠纷，但是比较顺利。

---

① 　吴正裕主编，李捷、陈晋副主编：《毛泽东诗词全编鉴赏》，中央文献出版社 2003 年版，第 340 页。

② 　中共中央文献研究室编：《毛泽东年谱（1893—1949）》中卷，中央文献出版社 2013 年版，第 312、313 页。

③ 　中共中央文献研究室编：《毛泽东年谱（1893—1949）》中卷，中央文献出版社 2013 年版，第 506 页。

历史经验证明，要图痛快，就不痛快，准备了麻烦，麻烦就少。"①
20 世纪 60 年代初，中国处于苏美联手军事挤压的不利境地，毛泽东再次采用连城自保和与苏美"熬时间"的忍耐策略。毛泽东相信总有"待到山花烂漫时"的一天。

　　1959 年 3 月 3 日，毛泽东告诉拉美共产党的领导同志："我们对美国不妥协，它不承认我们，我们也不承认它。至于中华人民共和国进联合国，要他们驱逐了台湾的代表，请我们进，我们才考虑进。我看，在十年到十五年内不同美国建立外交关系、交换外交代表是要更好一些。过了十年、十五年，我们的房子打扫得干净了，可以迎接客人。"②1964 年 6 月 23 日，毛泽东在接见智利朋友时谈到中美关系时说："我们把美国的走狗蒋介石赶走了，把美国的势力也赶走了，所以美国对我们不那么高兴。但是，总有一天两国的关系会正常化的，我看还要十五年。"③1972 年 2 月 20 日，尼克松访华前一天，他对记者说毛泽东和周恩来"他们是一些眼光看得很远的人"，是"有哲学头脑的人物"。④

　　关于《卜算子·咏梅》，尼克松在回忆录中说，1972 年他来中国时，周恩来借《卜算子·咏梅》这首词帮着尼克松破题，尼克松按自己的理解将总理的话转译说："主席在那首词里指的是，采取主

---

① 中共中央文献研究室编：《毛泽东年谱（1893—1949）》中卷，中央文献出版社 2013 年版，第 600 页。

② 中共中央文献研究室编：《毛泽东年谱（1949—1976）》第 3 卷，中央文献出版社 2013 年版，第 619 页。

③ 中共中央文献研究室编：《毛泽东年谱（1949—1976）》第 5 卷，中央文献出版社 2013 年版，第 366 页。

④ 转引自熊向辉：《我的情报与外交生涯》，中共党史出版社 2006 年版，第 271 页。

动的人不一定是伸手的人。"①从生硬的译文看，尼克松还是没有读懂毛泽东在这首词中所要表达的辩证法及其中的战略哲学——采取主动的人，不一定都是先发制人的，而是善于等待和抓住战略时机的人。

"待到山花烂漫时，她在丛中笑"，笑到最后的才是笑得最好的，最终毛泽东等到了这一天。1972年2月21日上午11点30分，美国总统尼克松乘坐的"空军一号"飞机降落在北京机场。尼克松和夫人急忙走下舷梯，向前去迎接的中国总理周恩来伸出了手。中美两国领导人的手握在一起，结束了20多年的隔绝状态，标志着中美关系一个新时代的开始。

大张大合又张合有度：

《七律·冬云》《满江红·和郭沫若同志》

1962年的中国形势真是"高天滚滚寒流急"：中国国内刚刚经历了严重的自然灾害，蒋介石在东南准备"反攻大陆"，美国与苏联对中国形成"南北夹击"的态势，印度又借机在中印边境燃起战火，当年10月，印度军队又从西南方向对中国领土发动大规模全线进攻。

中印边境的稳定事关中国大西南的稳定，中国被迫进行自卫反击战。但毛泽东总体上还是认为印度与美国不同，印度是朋友，不

---

① ［美］尼克松著，董乐山等译：《尼克松回忆录》中，世界知识出版社2001年版，第694页。

能真打。[①] 1962 年 10 月中国对印自卫反击战高调开启，一个月后却又轻轻落下：一仗下来，并没有让印度伤筋动骨。在战争规模上，毛泽东巧妙利用了古巴导弹危机，将它控制在有限范围内，不让第三国卷入。10 月 20 日，美国封锁古巴海域，苏美关系剑拔弩张。当天中国全线反击。11 月 20 日，肯尼迪宣布结束封锁；11 月 21 日，苏联也对军队解除了动员令。当天中国也对印度全面停火。一个月后，中国又将印度俘虏和收缴印军的枪支交还给他们。战争结果与抗美援朝战争不同，中国志愿军在抗美援朝战争中打了近 3 年，硬是将美国逼到三八线以南，而在 1962 年的对印自卫反击战中则没有将印度硬逼出双方争议地区。对前者，毛泽东意在打出国格和平等；对后者，毛泽东意在西南方向打出持久和平，至于中印两国间的领土纠纷，毛泽东则有意留待将来从长计议。1962 年 10 月，毛泽东在一次军方高层会议结束时，对中印开战后将要出现的"雪压冬云白絮飞，万花纷谢一时稀"的充分估计，同时也对"梅花欢喜漫天雪，冻死苍蝇未足奇"有充分的信心，他说：

中印两国开战，美苏两大国不用说，许多不明真相的国家也会站到他们一边，蒋介石也可能要搞点动作。我们是有点孤立了，我看，不怕。只要前线打得好，我们就会处于主动地位。我还是那句话，与其跪着死，不如站着死。想要我们死，也不那么容易。这一

---

① 1959 年 4 月 25 日，毛泽东就西藏叛乱事件的宣传报道原则指示彭真、胡乔木、吴冷西："请注意：不要直接臭骂尼赫鲁，一定要留有余地，千万千万。" 5 月 6 日，在接见社会主义国家代表团时，毛泽东又说："尼赫鲁是个什么人呢？他是印度资产阶级的中间派，同右派有区别。" 中共中央文献研究室编：《毛泽东年谱（1949—1976）》第 4 卷，中央文献出版社 2013 年版，第 29、38 页。

仗不打则已，打，就打出威风，起码要保持 30 年的和平。^①

今天总结 1962 年这场战争，我们看到毛泽东的军事艺术大张大合，但张合有度，其战略战术兼容三国时曹操进退汉中和诸葛亮七擒孟获的古典智慧：进战退和于瞬间，毕诸葛七擒之功于一役，让人体会到了毛泽东军事艺术所呈现出的那种"进而不可御者，冲其虚也；退而不可追者，速而不可及也。"^②的极高境界。每读史及此，令人不由击节赞叹并为之神往。反观新中国成立后毛泽东出手过的东北和西南，至今均无战事。

研究一下毛泽东 1962 年西南一役，其目的不是打赢，而是为了给中国大西南赢得一个"起码要保持 30 年的和平"的长期和平环境。1962 年以后，中国大西南形势稳定，"三线建设"步伐明显加快。

1963 年起，苏联大量增兵中苏边境，对中国北疆形成新的军事压力。如果再考虑到东南方蒋介石也利用中国大陆的内政外交的困难积极准备其"反攻大陆"的计划，中国东南、西南、北方三面安全骤然形成共振性恶化形势。^③如果再考虑到 1959 年后中国国内还出现三年困难时期以及 1964 年 8 月"北部湾事件"美国大规模轰炸越南北方，战火向中国边境蔓延的形势，当时毛泽东的心情却是愈挫愈勇，1962 年10 月 17 日，毛泽东签发中共中央军委关于歼灭入侵印军的作战命令^④。

---

① 转引自王宏纬：《喜马拉雅山情结：中印关系研究》，中国藏学出版社 1998 年版，第 230 页。

② 《孙子·虚实篇》，《武经七书注译》，解放军出版社 1986 年版，第 27 页。

③ 从 1964 年 10 月到 1969 年 3 月，中苏边界发生的冲突有 4189 次之多，其中最严重的是 1969 年 3 月珍宝岛事件和同年 8 月在新疆铁列克提的军事冲突。参见潘光主编：《当代国际危机研究》，中国社会科学出版社 1989 年版，第 44 页。

④ 中共中央文献研究室编：《毛泽东年谱（1949—1976）》第 5 卷，中央文献出版社 2013 年版，第 165 页。

11 月 21 日，中国政府宣布：从 11 月 22 日零时起，中国边防部队在中印边境全线停火。[①]中国对印自卫反击战胜利结束。12 月 26 日，毛泽东选择自己生日这天发表《七律·冬云》：

七律·冬云[②]

（1962 年 12 月 26 日）

雪压冬云白絮飞，万花纷谢一时稀。

高天滚滚寒流急，大地微微暖气吹。

独有英雄驱虎豹，更无豪杰怕熊罴。

梅花欢喜漫天雪，冻死苍蝇未足奇。

　　毛泽东在这首诗中已摆出两线作战的驾势，诗中的"虎豹"指的是美国，"熊罴"指的是苏联，既不惧美国，又不怕苏联。毛泽东以梅自喻，表示我自己就喜欢这漫天风雪，毛泽东相信"天若有情天亦老，人间正道是沧桑"，在历史大规律即冬天来临时，"苍蝇"的灭亡也就"未足奇"了。毛泽东写这首诗时，北京已进入冬雪之际，对印自卫反击战又刚刚胜利结束，其"梅花欢喜漫天雪，冻死苍蝇未足奇"的心境自不待言。关于 1962 年对印自卫反击战，美国学者费正清在其主编的书中以赞赏的口气评价道："从战斗的特点看，中国的损失无疑小得多。许多印军小队在突然袭击下倒下，其

---

① 王宏纬：《喜马拉雅山情结：中印关系研究》，中国藏学出版社 1998 年版，第 235 页。

② 吴正裕主编，李捷、陈晋副主编：《毛泽东诗词全编鉴赏》，中央文献出版社 2003 年版，第 350 页。

余的逃走。在政治上，北京给新德里以最后的羞辱，不仅无偿归还全部东北边境特区，而且归还全部战俘以及开列出详细清单的卡车、大炮和弹药。最后的但并非最不重要的是，在同赫鲁晓夫处理古巴问题的暗中对比中，毛既不是'冒险主义'，也不是'投降主义'。他独一无二的结束战争行动的做法，排除了"帝国主义"或"修正主义"替尼赫鲁采取任何行动的可能，而同时保住了具有战略意义的阿克赛钦高原，新疆至西藏公路就从那里通过。"①

与此相比，正如基辛格所说，"赫鲁晓夫在柏林、古巴两个事件上失败的最后结果是，苏联此后不再向美国直接挑战"。② 更为重要的是，苏联 1962 年的外交还失去了社会主义国家的信任，赫鲁晓夫由此也失去了国内政治的支持并导致他 1964 年下台。从中国方面看，如果不计美、苏等国"有几个苍蝇碰壁，嗡嗡叫"外，毛泽东西南一次"亮剑"，不仅东南逼退了美蒋，西南也达到了"起码要保持 30 年的和平"的战略目标。十几天后，毛泽东诗兴不减，又写《满江红·和郭沫若同志》：

满江红·和郭沫若同志③

（1963 年 1 月 9 日）

小小寰球，有几个苍蝇碰壁。嗡嗡叫，几声凄厉，几声抽泣。

---

① 转引自张文木：《印度与印度洋》，中国社会科学出版社 2015 年版，第 376 页。
② ［美］亨利·基辛格著，顾淑馨、林添贵译：《大外交》，海南出版社 1998 年版，第 543 页。
③ 吴正裕主编，李捷、陈晋副主编：《毛泽东诗词全编鉴赏》，中央文献出版社 2003 年版，第 356 页。

蚂蚁缘槐夸大国，蚍蜉撼树谈何易。正西风落叶下长安，飞鸣镝。

多少事，从来急。天地转，光阴迫。一万年太久，只争朝夕。四海翻腾云水怒，五洲震荡风雷激。要扫除一切害人虫，全无敌。

从内容上，这首词可以说是《七律·冬云》的姊妹篇，两首词创作时间相隔不足半月，前一首讲的是形势严峻及不惧挑战的心情，后一首则是接受挑战后的结果：从昨天是"雪压冬云白絮飞，万花纷谢一时稀"，今天就变成了"有几个苍蝇碰壁。嗡嗡叫，几声凄厉，几声抽泣"；同时也告诉我们，在历史规律面前，帝国主义也是纸老虎，人民是不可战胜的——"蚂蚁缘槐夸大国，蚍蜉撼树谈何易"。有些看似很难做的事，做了也就做了，没什么了不起。两首都提到"苍蝇"，"冻死苍蝇未足奇""有几个苍蝇碰壁"，同样，"要扫除一切害人虫，全无敌"也是可以做到了。

1962 年始，尤其是 1964 年中国核试验成功后，中国西南就只有战声而无战事，东南美蒋只有进犯"贼心"而无"贼胆"，美国对台湾蒋介石"反攻大陆"的计划压制更加严厉。1963 年 6 月，蒋介石又派 6 批武装人员登陆并遭全歼；1965 年 5 月和 8 月，国共两次海战，蒋介石除了喊喊外，再没有大的军事行动。

战略藐视，战术重视：
两次默写《三垂冈》

1957 年 11 月 18 日，毛泽东在莫斯科参加各国共产党和工人党

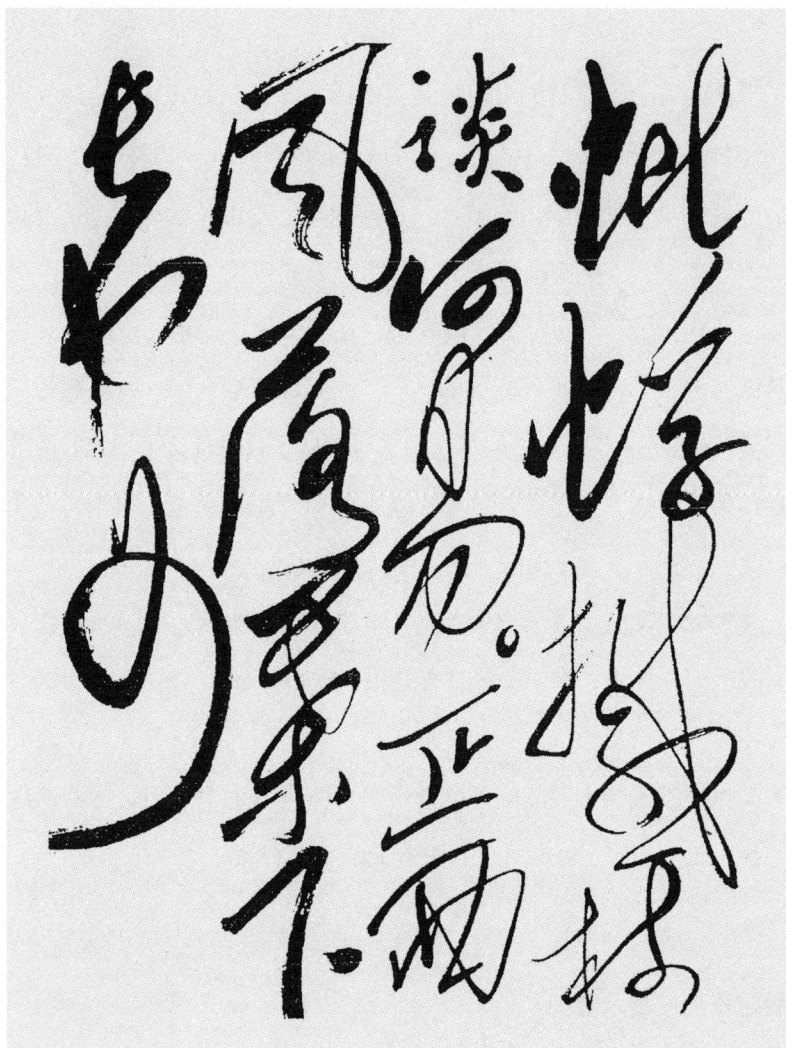

代表会议时说:"在战略上我们要藐视一切敌人,在战术上我们要重视一切敌人。"① 毛泽东从莫斯科回来后不久,赫鲁晓夫就跑到美国与艾森豪威尔举行戴维营会议,要搞苏美合作。这使中国外交瞬间陷入腹背受敌、两面作战的困境。毛泽东在战略上蔑视敌人的同时,在战术上于 20 世纪 60 年代开始为应对并转化两面作战的困境做准备。1962 年 12 月 22 日和 1964 年 12 月 29 日,毛泽东两次默写清人严遂成作咏李克用和其儿子后唐庄宗李存勖的诗《三垂冈》②,通过这首诗表达了"等得起""熬时间"的策略。

三垂冈 ③

英雄立马起沙陀,奈此朱梁跋扈何。

只手难扶唐社稷,连城犹拥晋山河。

风云帐下奇儿在,鼓角灯前老泪多。

萧瑟三垂冈下路,至今人唱百年歌 ④。

---

① 中共中央文献研究室编:《毛泽东年谱(1949—1976)》第 3 卷,中央文献出版社 2013 年版,第 251 页。

② 参阅中共中央文献研究室编:《毛泽东年谱(1949—1976)》第 5 卷,中央文献出版社 2013 年版,第 177、458 页。

③ 唐末天下乱,李克用从代北沙陀族中崛起,一生征伐,创立了"连城犹拥晋山河"的基业。其子李存勖在父死后,又是一生征讨。三垂冈(今山西长治)之战,使李存勖最终占有上党,把三晋大地作为稳固后方,进而兵下太行,逐鹿中原,消灭后梁,建立后唐。清朝人严遂成以李克用父子的史事为蓝本写作此诗。引自张春根主编:《太原诗钞》,三晋出版社 2014 年版,第 173 页。

④ 《新五代史·唐庄宗本纪》载:"初,克用破孟方立于邢州,还军上党,置酒三垂冈,伶人奏《百年歌》,至于衰老之际,声甚悲,坐上皆凄怆。时存勖在侧,方五岁,克用慨然捋须,指而笑曰:'吾行老矣,此奇儿也,后二十年,其能代我战于此乎!'"[宋]欧阳修:《新五代史》卷五《本纪第五(唐)·庄宗李存勖》,许嘉璐主编:《二十四史全译·新五代史》(全一册),汉语大词典出版社 2004 年版,第 31 页。

唐末天下大乱，群雄逐鹿，李克用从代北沙陀族中崛起，一生征伐，李存勖父死子继，消灭后梁政权，统一中原，建立后唐。严遂成的这首诗，正是以李克用父子的史事为蓝本，写出了李克用父子"连城犹拥晋山河"，拥城自重并耐心等待的成功经验。

毛泽东相隔两年将《三垂冈》这首诗手书两遍，第一次是1962年12月22日——此前一月，中国取得了对印自卫反击战的胜利，毛泽东在由中共中央政治研究室整理的《列宁在第二国际反对机会主义的斗争》材料最后一页默写《三垂冈》，并批示柯庆施同志说："此件很重要，请你印发会议各同志。大家读一、二遍，并讨论两天。"①第二次是1964年12月29日——当年8月美国借"北部湾事件"，对越南发动侵略战争；10月赫鲁晓夫下台，苏联党反华政策变本加厉②。毛泽东在读《五代史》时根据记忆笔录《三垂冈》。③这反映了毛泽东当时对战略和策略的思考。诗前四句意喻中国已崛起，但由于苏联党的背叛及美国的跋扈，中国暂时退入守势，共产主义运动将进入低谷，仅靠中国一家也是"只手难扶唐社稷"，只有采取"连城犹拥晋山河"式的自保等待策略。

毛泽东说："保存自己消灭敌人这个战争的目的，就是战争的本

---

① 中共中央文献研究室编：《毛泽东年谱（1949—1976）》第5卷，中央文献出版社2013年版，第177页。

② 1964年11月14日，毛泽东在人民大会堂主持召开中共中央政治局常委会议，听取周恩来、贺龙访苏情况汇报。毛泽东说："我们到莫斯科去就是想推动苏共新领导往好的方面变，结果他们竟然要在我们党内搞颠覆活动。"毛泽东说："现在看来，最大的可能性就是他们要实行没有赫鲁晓夫的赫鲁晓夫主义。"毛泽东最后说："赫鲁晓夫的垮台和苏共新领导的趋向，很可能像我国古代词人所形容的那样：'无可奈何花落去，似曾相识燕归来。'"中共中央文献研究室编：《毛泽东年谱（1949—1976）》第5卷，中央文献出版社2013年版，第435页。

③ 中共中央文献研究室编：《毛泽东年谱（1949—1976）》第5卷，中央文献出版社2013年版，第458—459页。

质，就是一切战争行动的根据，从技术行动起，到战略行动止，都是贯彻这个本质的。战争目的，是战争的基本原则，一切技术的、战术的、战役的、战略的原则，一点也离不开它。"[1] 在对手力量小于我时应当主动出击，当我方处在弱势时为了"保存自己"就要善于等待，当时毛泽东搞"三线建设"可以说是"连城犹拥晋山河"（也是一种"内循环"）的具体措施，其战略目的就是等待国际矛盾的有利变化。政治的第一资源不主要是武器和金钱，而是时间，矛盾转化最需要的是时间。而只有遵循大道即符合历史唯物主义"大道理"的人民力量才能等得起。毛泽东知道，时间在中国一边。

世界上没有一个大国有力量可以与两个以上的大国对抗。古罗马人开始只是为了自卫，先与北方的高卢人打仗，后又与南方迦太基人发生战争，取得辉煌胜利，后继续向整个地中海国家进攻，结果导致罗马帝国整个灭亡；19 世纪初，拿破仑与英国作战，取得辉煌的胜利，继而于 1812 年轻率深入俄国，其后 3 年便遭到失败；20 世纪 40 年代，德国希特勒开始跟英国作对，赢得西欧，1941 年正在得意之际挥师直奔苏联，其后又是 3 年便遭到失败；同期的日本开始与中国开战，初期取胜，1941 年年底又与美国开战，其后还是 3 年失败……

熟读历史的毛泽东更是知道，老虎吃天只能是耗尽虎力后一无所获。斯大林常将一些只有革命热情而无实际经验的人形容为"像

---

[1]　毛泽东：《论持久战》（1938 年 5 月），《毛泽东选集》第 2 卷，人民出版社 1991 年版，第 483 页。

共青团员一样"①，其含义接近列宁批评的"左派"幼稚病②。斯大林之后的苏联领导人的特点要么是过左，要么是过右。赫鲁晓夫一会儿要与美国联合统治全球，一会又搞古巴导弹危机；之后，勃列日涅夫又将苏联推向全球扩张，并由此与中国为敌。此后，苏联国力急速衰落直至解体。

20世纪60年代，毛泽东从最难处着手，"连城犹拥晋山河"，搞"三线建设"，守拙内敛，坐待美苏矛盾的激化，最终等到了1972年美国尼克松寻求与中国和解的历史时刻。

1972年年初，中国政府准备接待尼克松访华。1月6日，毛泽东同周恩来、叶剑英谈外事工作时说："其实这个公报③没把基本问题写上去。基本问题是，无论美国也好，中国也好，都不能两面作战。口头说两面、三面、四面、五面作战都可以，实际上就不能两面作战。"④

背腹受敌乃兵家大忌，当然这也是毛泽东一生最为看重的战略问题。1972年7月24日，毛泽东送走尼克松后，在与周恩来、姬鹏飞、乔冠华等谈国际问题时，再次叮嘱："在两个超级大国之间可以利用矛盾，就是我们的政策。两霸我们总要争取一霸，不两面作战。"⑤

---

① 参见1948年2月10日斯大林与保加利亚和南斯拉夫领导人的谈话记录，沈志华主编：《苏联历史档案选编》第24卷，社会科学文献出版社2002年版，第226、228、237、239页。

② 〔俄〕列宁：《共产主义运动中的"左派"幼稚病》，《列宁选集》第4卷，人民出版社1972年版，第239页。

③ 指正在拟订中的《中美联合公报》。

④ 中共中央文献研究室编：《毛泽东年谱（1949—1976）》第6卷，中央文献出版社2013年版，第422页。

⑤ 中共中央文献研究室编：《毛泽东年谱（1949—1976）》第6卷，中央文献出版社2013年版，第441页。

　　1972 年 12 月 10 日，尼克松访华后，毛泽东在一个批示中告诫全党："深挖洞，广积粮，不称霸。"① 至此，毛泽东运用"只手难扶唐社稷，连城犹拥晋山河"的策略，成功将 20 世纪 60 年代的两面作战、背腹受敌的战略被动转化为中美联手合力对付苏联北方的战略主动。

　　读懂了这段历史，如果再将毛泽东 1961 年 9 月 9 日写的《七绝·为李进同志题所摄庐山仙人洞照》，1961 年 12 月写的《卜算子·咏梅》，1962 年 12 月 26 日——这天是毛泽东生日——写的《七律·冬云》和 1963 年 1 月写的《满江红·和郭沫若同志》等诗词与毛泽东于 1962 年 12 月 22 日和 1964 年 12 月 29 日两次默录清人严遂成的《三垂冈》联系起来研究，我们就会欣赏到蕴藏其中特有的战略洞天。

---

① 中共中央文献研究史、中国人民解放军军事科学院编：《毛泽东军事文集》第 6 卷，军事科学出版社、中央文献出版社 1993 年版，第 408 页。

第七章

不忘初心，继续前进

十年树木，百年树人：

《七律·和郭沫若同志》

赫鲁晓夫上台后的胡来，让毛泽东在晚年对中国未来国家接班人的治国能力深感担忧，他担忧未来的中国会陷入北宋那种靠"诵文书，习程课"就能入仕或苏联那种靠赫鲁晓夫式的机会主义就能晋升领导高层的干部制度的危害之中。1960 年 5 月 22 日，毛泽东在杭州与刘少奇、周恩来等同志讨论时局问题谈到赫鲁晓夫时说："这个人一直没有个章程，像游离层一样，他是十二变，跟他相处，怎么个处法呀？这个人，艾森豪威尔形容过，说他是一个钟头之内瞬息万变的。赫鲁晓夫何必那么蠢，把美国人捧得那么上天，也不想想下一着棋。从戴维营回来，那么吹，他不想想，美国人可能变嘛。"[①]1959 年 12 月 10 日，面对赫鲁晓夫的胡来，毛泽东在读苏联《政治经济学教科书》时深有感触地说："中国和俄国的历史经验证明：要取得革命胜利，就要有一个成熟的党，这是一个很重要的条

---

① 中共中央文献研究室编：《毛泽东年谱（1949—1976）》第 4 卷，中央文献出版社 2013 年版，第 399—400 页。

件。"① 这时，毛泽东考虑更多的是如何在中国避免赫鲁晓夫式的领导者出现。

毛泽东并没有将苏联赫鲁晓夫与美国领导人同等看待。1960年1月17日，毛泽东在上海主持中共中央政治局扩大会议时说："赫鲁晓夫虽有这些缺点，我们应该团结，估计到是可以团结的。和平过渡的观点肯定是机会主义的观点，我们要写一些文章，批判这个东西。"② 毛泽东更多地认为赫鲁晓夫是政治不成熟，③ 属于"僧是愚氓犹可训"，但如不注意纠正，其结果必是"妖为鬼蜮必成灾"。

1961年10月17日至31日，苏联共产党第二十二次代表大会在莫斯科举行，大会通过了所谓"新纲领"，发起了对兄弟党的粗暴攻击，因此遭到中国共产党的坚决反对。以周恩来为团长的中国共产党代表团，根据毛泽东的指示，于会议中途（10月24日）提前返回北京。毛泽东率党和国家领导人到机场迎接。10月23日，郭沫若写《七律·看〈孙悟空三打白骨精〉》一诗，指斥苏联修正主义。诗曰："人妖颠倒是非淆，对敌慈悲对友刁。咒念金箍闻万遍，精逃白骨累三遭。千刀当剐唐僧肉，一拔何亏大圣毛。教育及时堪赞赏，猪犹智慧胜愚曹。"④ 根据自己成长的经验，毛泽东"不同意郭诗敌视

---

① 中共中央文献研究室编：《毛泽东年谱（1949—1976）》第4卷，中央文献出版社2013年版，第248页。

② 中共中央文献研究室编：《毛泽东年谱（1949—1976）》第4卷，中央文献出版社2013年版，第310页。

③ 1964年4月13日，毛泽东在长沙蓉园召集邓小平、康生、王任重等开会讨论给赫鲁晓夫七十寿辰贺电，毛泽东说："赫鲁晓夫不是最右派，赫鲁晓夫还是比极右派好一些。"中共中央文献研究室编：《毛泽东年谱（1949—1976）》第5卷，中央文献出版社2013年版，第338页。

④ 吴正裕主编，李捷、陈晋副主编：《毛泽东诗词全编鉴赏》，中央文献出版社2003年版，第332页。

被白骨精欺骗的唐僧的看法"①，他知道，思想问题仅靠"千刀万剐"是不够的——朱元璋就是这么做的，很不成功。针对郭沫若诗中混淆两类不同性质矛盾的错误，毛泽东于 11 月 17 日回了《七律·和郭沫若同志》：

七律·和郭沫若同志②

（1961 年 11 月 17 日）

一从大地起风雷，便有精生白骨堆。

僧是愚氓犹可训，妖为鬼蜮必成灾。

金猴奋起千钧棒，玉宇澄清万里埃。

今日欢呼孙大圣，只缘妖雾又重来。

人才问题，在毛泽东看来就是最大的战略问题。毛泽东写的是苏联赫鲁晓夫，看到他的胡来，但想的更多的是中国未来的接班人。就在赫鲁晓夫下台的 1964 年，毛泽东将培养无产阶级事业接班人问题提上议事日程。他对党的事业接班人的要求，除了立场可靠外，更加强调政治经验的成熟。5 月 15 日，毛泽东在北京举行的中央工作会议上说："接班人的问题还是要布署一下，要准备接班人。无产阶级的革命接班人总是要在大风大浪中成长的。"③6 月 16 日，毛泽

---

① 吴正裕主编，李捷、陈晋副主编：《毛泽东诗词全编鉴赏》，中央文献出版社 2003 年版，第 331 页。

② 吴正裕主编，李捷、陈晋副主编：《毛泽东诗词全编鉴赏》，中央文献出版社 2003 年版，第 328 页。

③ 毛泽东：《培养无产阶级革命接班人》（1964 年 6 月 16 日），《建国以来毛泽东文稿》第 11 册，中央文献出版社 1996 年版，第 87 页。

成灾。金猴奋起千钧棒，玉宇澄清万里埃。今日欢呼孙大圣，只缘妖雾又重来。

毛泽东

东在十三陵水库召开中央政治局常委和各中央局第一书记会议上说："要准备后事，即接班人问题。苏联出了修正主义，我们也有可能出修正主义。如何防止出修正主义，怎样培养无产阶级的革命接班人？我看有五条。第一条，要教育干部懂得一些马列主义，懂得多一些更好。第二条，要为大多数人民谋利益，为中国人民大多数谋利益，为世界人民大多数谋利益。第三条，要能够团结大多数人，包括从前反对过自己反对错了的人，也不能'一朝天子一朝臣'。第四条，有事要跟同志们商量，要听各种意见，要讲民主，不要'一言堂'。第五条，自己有了错误，要作自我批评。"最后，毛泽东要求："开会研究一下，要部署一下。从中央局、省、地、县到支部，都要搞几层接班人。"① 其中，干部不脱离群众并且还要善于团结群众是毛泽东对接班人的重要要求。毛泽东从一生的革命斗争实践中知道，没有群众基础的干部是一事无成的。1964 年七八月间，毛泽东在北戴河告诉毛远新说："这五条是互相联系不可分割的。第一条是理论，也是方向。第二条是目的，到底为谁服务，这是主要的，这一条学好了什么都好办。第三、四、五条是方法问题。"毛泽东教育毛远新说："阶级斗争都不知道，怎么能算大学毕业？中国历史上凡是中状元的，都没有真才实学，反倒是有些连举人都没有考取的人有点真才实学。不要把分数看重了，要把精力集中在培养分析问题和解决问题的能力上，不要只是跟在教员的后面跑，自己没有主动性。"② 1965 年 1

① 中共中央文献研究室编：《毛泽东年谱（1949—1976）》第 5 卷，中央文献出版社 2013 年版，第 363 页。
② 中共中央文献研究室编：《毛泽东年谱（1949—1976）》第 5 卷，中央文献出版社 2013 年版，第 380 页。

月 3 日，毛泽东在中共中央政治局常委扩大会议上说："真正的领导人要在斗争中才能看出来，你在访贫问苦中看得出来？我不相信。在斗争中群众会选出自己的领袖来。"① 这就是说，"老练的政治家"不是在"行小惠"活动而是在抓铁有痕和真枪实弹的斗争中产生的。1958 年 8 月 19 日，毛泽东在北戴河召开的会议上说："同劳动者在一起是有好处的，我们的感情会起变化，会影响几千万干部子弟。曹操骂汉献帝'生于深宫之中，长于妇人之手'，是有道理的。"②

唯物主义最强调人民性和实践性。毛泽东批评王明不知道人走路要靠脚，不知道人要睡觉，要吃饭，不知道子弹会打死人。因为他们"生于深宫之中，长于妇人之手"，是从学校玻璃窗子里和奖状堆里长大的，没见过流血牺牲，这样怎么搞阶级斗争？最残酷的革命实践，让中国共产党以最快速度接近并找到真理。

毛泽东重视中国历史尤其是明史研究，特别注意其中导致国家毁灭的人的因素。十年树木，百年树人。1958 年 5 月 25 日，毛泽东率中央高级领导到明十三陵参加义务劳动。1964 年 5 月 12 日，毛泽东在停靠济南的专列上听汇报，当听到汇报读书问题时，他说："明史看了我最生气。明朝除了明太祖、明成祖不识字的两个皇帝搞得比较好，明武宗、明英宗还稍好些以外，其余的都不好，尽做坏事。特别是后期当上进士的，就没有一个干好事的。"③ 读明史，毛泽

---

① 中共中央文献研究室编：《毛泽东年谱（1949—1976）》第 5 卷，中央文献出版社 2013 年版，第 461 页。

② 中共中央文献研究室编：《毛泽东年谱（1949—1976）》第 3 卷，中央文献出版社 2013 年版，第 415 页。

③ 中共中央文献研究室编：《毛泽东年谱（1949—1976）》第 5 卷，中央文献出版社 2013 年版，第 349 页。

东考虑的一定是他身后的中国及其接班人运用马克思主义的能力。

人的认识是这样过来的，认识的历史逻辑也是这么过来的。北宋亡国刺激了南宋知识分子及由此提出的以朱熹为旗手的"教育改革"。其中最重要的是确立"四书"为学生必读的至尊科目。朱熹强力主张将《大学》与《中庸》、《论语》、《孟子》这几部重视实际经验的著作并作"四书"，作为国家教育和科举的至尊课目，通过"格物致知"——这是"实事求是"的不同提法——的教育，将中国知识分子培养和改造为可以救亡图存的骨干力量。原先飘浮在天上的北宋二程理学到南宋时期被朱熹拉到了大地上，此后中国知识分子开始重经验，轻学理，将格物致知作为寻求真理的主要方法。从这个意义上说，朱熹不是一个简单的理学家，本质上说，他是一个继往开来的理学革命家。

从王阳明之后，中国封建知识分子有了文化自觉，其特点是知道斗争，开始拿枪杆子了。王阳明就拿枪杆子；黄宗羲、顾炎武、王夫之三个人都拿枪杆子；曾国藩、张之洞、左宗棠全拿枪杆子，学问也做得好。司马光泣血疾呼，朱熹准备，从王阳明始，北宋人那种学问不用于实践，只用于把玩，学问人和拿枪人多不融通的现象发生变化，一直到近代孙中山等，知识分子都知道抓枪杆子，有了"改造中国与世界"的工具。

接班人问题归根结底是国家人才培养和教育问题。知识分子是国家治理工作不能离开的重要人才来源，但其脱离实际而又十分自我的心态则使他们在因见识卓越被纳入政坛的同时，也会带来对事业有极大破坏作用的"王明式"空谈，而这样的悖论又为尤其是新中国成立之初的政治家所纠结。在利用这类知识分子方面，古今政治家也有不少尝试。比如孔丘任鲁国大司寇后 7 日杀以言 "乱政者" 少正卯、秦始皇 "焚书坑儒"、曹操杀杨修等，其手段最极端的大概要数明朝开国皇帝朱元璋，他对付这类不成熟的官员和脱离实际而又自视精英的知识分子的办法就是 "金杯同汝饮，白刃不相饶"①，以至洪武七年（1374 年）便有人抗议："才能之士，数年来幸免者百无一二。"②即使这样，朱元璋也没有找到培养合格接班人的方法，其后代，用毛泽东的话说，"就没有一个干好事的"。

毛泽东在新中国成立之初也面临着与朱元璋同样的知识分子问题。但与朱元璋不同，毛泽东本人就是学生出身，早期学生运动的成败以及他自身从知识分子到成熟的无产阶级政治家的转变的经历，使他对知识分子的优点和缺点以及如何克服这些缺点、完成自身改造，都有深刻的体验和认识。1939 年 12 月 9 日，毛泽东在《一二·九运动的伟大意义》一文中说：

　　共产党从诞生之日起，就是同青年学生、知识分子结合在一起的；同样，青年学生、知识分子也只有跟共产党在一起，才能走上正确的道路。知识分子不跟工人、农民结合，就不会有巨大的力量，是干不成大事业的；同样，在革命队伍里要是没有知识分子，那也

---

① "太素抗直不屈，屡濒于罪。帝时宥之。一日，宴便殿，赐之酒曰：'金杯同汝饮，白刃不相饶。'太素报首，即续韵对曰：'丹诚图报国，不避圣心焦。'帝为恻然。未几，谪御史，复坐排陷詹徽，与同官十二人俱镣足治事。后竟坐法死。"《明史》卷一百三十九《茹太素传》，许嘉璐主编：《二十四史全译·新唐书》第五册，汉语大词典出版社 2004 年版，第 2818 页。

② 《明史》卷一百三十九《茹太素传》，许嘉璐主编：《二十四史全译·新唐书》第五册，汉语大词典出版社 2004 年版，第 2818 页。

是干不成大事业的。①

苏联赫鲁晓夫的出现也使毛泽东看出苏联教育方针的问题。毛泽东认为，只有在人民内部将"僧是愚氓犹可训"的工作做足，才可在对敌斗争中做到"金猴奋起千钧棒，玉宇澄清万里埃"。

生产劳动是辩证法表现最丰富的地方，体现政治成熟的标志不是政治家的立场坚定与否，而是对于辩证法的掌握和运用的成熟程度。教育一旦脱离生产劳动，必然走向形而上学。自毁国家的为什么是苏联人？其重要原因之一就是苏联的教育失去了劳动实践这一重要环节，以分数、奖状、表扬等形式上的标准作为干部晋升和人才选拔的标准，这样干部就养成了"娱乐化""贵族化""精英化"的意识，这种意识导致他们与劳动人民越走越远。其结果是在苏联解体时全民无动于衷，因为这个国家与人民的命运之间没有了联系。

1958 年 9 月 19 日，中共中央、国务院发出《关于教育工作的指示》，指出："党的教育方针是教育为无产阶级的政治服务，教育与生产劳动相结合。为了实现这个方针，教育工作必须由党来领导。"② 1963 年 6 月 4 日，毛泽东在武昌同王任重同志谈话时说："干部一方面工作，一方面参加劳动，干部参加劳动，是保证不出修正主义的根本问题。如果我们不这样做，我看再过十年二十年，也要

---

① 毛泽东：《一二·九运动的伟大意义》（1939 年 12 月 9 日），中共中央文献研究室编：《毛泽东文集》第 2 卷，人民出版社 1993 年版，第 256 页。

② 1958 年 9 月 19 日，中共中央、国务院发出《关于教育工作的指示》，将毛泽东指示提升为党的教育方针，指出："党的教育工作方针是教育为无产阶级的政治服务，教育与生产劳动相结合。"中共中央、国务院：《关于教育工作的指示》（1958 年 9 月 19 日），中共中央文献研究室编：《建国以来重要文献选编》（第 11 册），中央文献出版社 1995 年版，第 490 页。

出修正主义。"①

"妖为鬼蜮必成灾"的担心终在苏联看到了结果。1991 年 11 月，撒切尔在美国休斯敦明确表示，苏联对西方真正构成威胁的是社会主义制度及其生产方式，她说："苏联是一个对西方世界构成严重威胁的国家。我讲的不是军事威胁。从本质上讲，军事上的威胁并不存在。我们这些国家装备精良，包括核武器。我指的是经济上的威胁。借助计划政策，加上与独特的精神和物质刺激手段相结合，苏联的经济发展指标很高。其国民生产总值增长率过去比我们高出一倍。如果我们再考虑到苏联丰厚的自然资源，如果加以合理地运营，那么苏联完全有可能将我们挤出世界市场。因此，我们一直采取行动，旨在削弱苏联经济，制造其内部问题。"②

撒切尔的话概括起来就是，西方的资本主义制度无法按正常方式竞争过社会主义制度，唯一的办法只有用非常规的方式"制造其内部问题"，将其击败。撒切尔接着说："我们由此陷入了困境。不过，很快便得到情报说苏联领袖逝世后，经我们帮助的人可能继任，借助他能够实现我们的想法。这是我的专家智囊的评估意见（我周围始终有一支很专业的苏联问题智囊队伍，我也根据需要促进和吸引苏联境内对我们有用的人才出国移民）。这个人就是米·戈尔巴乔夫。我的智囊们对此人评价是：不够谨慎，容易被诱导，极其爱好虚荣。他与苏联政界大多数精英（即主张新自由主义的所谓"改

---

① 中共中央文献研究室编：《毛泽东年谱（1949—1976）》第 5 卷，中央文献出版社 2013 年版，第 231 页。

② 李慎明主编：《世界社会主义跟踪研究报告（2010—2011）》，社会科学出版社 2011 年版，第 424 页。

革派"——引者）关系良好，因此，通过我们的帮助，他能够掌握大权。"①

苏联解体的重要原因在于其领导人治理国家的能力不成熟，用撒切尔的话说就是"不够谨慎，容易被诱导，极其爱好虚荣"，这最终导致苏共垮台和苏联解体。苏联解体，借柳宗元的话说就是："失在于政，不在于制"②。苏联解体的教训告诉我们：即使是社会主义国家，如果治理国家的能力跟不上，最终还是要垮台，要被开除球籍的。

撒切尔知道，苏联经济上是计划经济，西方自由经济搞不过它。借助计划政策，加上独特的精神和物质刺激手段相结合，苏联的经济发展指标很高。苏联丰厚的自然资源如果加以合理运用，那么苏联完全有可能把西方国家挤出世界市场。怎么办？撒切尔说要对其制造内部问题，要找代理人，撒切尔看准了戈尔巴乔夫，结果达到了"不战而胜"③的目的。为满足戈尔巴乔夫"爱好虚荣"的心理需要，西方于1990年10月15日给他颁发了诺贝尔和平奖。1991年12月25日苏联正式解体。2008年9月18日，美国国家宪法中心作为奖励，又向戈尔巴乔夫颁发"自由勋章"，而为戈尔巴乔夫挂奖章的人就是当年利用戈氏善意瞬间踹倒苏联的美国总统乔治·布什。

---

① 李慎明主编：《世界社会主义跟踪研究报告（2010—2011）》，社会科学出版社2011年版，第425页。

② "失在于政，不在于制，秦事然也。"［唐］柳宗元：《封建论》，《柳河东集》，上海人民出版社1974年版，第46页。

③ 1988年，美国前总统尼克松出版了一本书，书名就叫《1999：不战而胜》，这本书的中文版由世界知识出版社1996年出版。

布什对戈尔巴乔夫说："这是一个真正的荣誉。"①

基辛格评论赫鲁晓夫说："他在启动改革过程这方面，可谓是戈尔巴乔夫的祖师；改革的影响他并不了解，改革的方向却叫他追悔莫及。从这个角度来看，我们甚至可以说共产主义覆亡始于赫鲁晓夫。"②

为什么苏联出现赫鲁晓夫和戈尔巴乔夫这类脱离实际的领导人，因为他们的教育制度没有一套"僧是愚氓犹可训"的教育机制。中国为什么可以避免这类人走上最高领导岗位，因为毛泽东曾为我们提出并实践了一套行之有效的教育制度并由此培养出了治国理政的人才。诺贝尔经济学奖获得者阿马蒂亚·森没有明确地点出这个问题，但他认为中国改革开放的成就的根源应当从包括土地改革在内的毛泽东的成就中去寻找。他在《以自由看待发展》一书中指出："中国的这种社会变革是在什么时候、如何发生的？这些社会变革的高潮是在改革前，即在 1979 年之前——实际上很多是发生在毛泽东政策的活跃时期。毛泽东是有意识地为市场经济和资本主义的扩展建立基础的吗（他事实上成功地做到了这一点）？这个假设是很难接受的。但是毛泽东的土地改革、普及识字、扩大公共医疗保健等政策，对改革后的经济增长起了非常有益的作用。改革后的中国受益于改革前中国所取得的成果的程度，应该得到更多的承认。"③

我们这一代人经历了历史上极为罕见的现象：两个帝国先后或解体或衰落：一个苏联没了，一个美国衰落了，而我们中国还在持

---

① 《美国送戈尔巴乔夫"自由勋章"赞其"结束冷战"》，凤凰网，https://news.ifeng.com/photo/news/200809/0919_1397_793937.shtml。

② ［美］亨利·基辛格著，顾淑馨、林添贵译：《大外交》，海南出版社 1998 年版，第 471 页。

③ ［印度］阿玛蒂亚·森著，任颐、于真译：《以自由看待发展》，中国人民大学出版社 2002 年版，第 259—260 页。

续发展，这不仅是因为我们所具备的先进理论和世界观——这一点苏联也有列宁主义，我们还有一大批政治成熟、能力优秀的干部。我们党的干部来自实践，而不来自学院。

2015 年 2 月 13 日，春节前夕，中共中央总书记、国家主席、中央军委主席习近平来到延安市延川县梁家河村。习近平深情地说：

"我人生第一步所学到的都是在梁家河。不要小看梁家河，这是有大学问的地方。""作为一个人民公仆，陕北高原是我的根，因为这里培养出了我不变的信念：要为人民做实事！无论我走到哪里，永远是黄土地的儿子。""现在所形成的很多基本的观念，形成的很多基本的特点，也是在延安形成的。""最重要的，我学到了农民实事求是、吃苦耐劳的精神。""最大的收获有两点，一是让我懂得了什么叫实际，什么叫实事求是，什么叫群众……二是培养了我的自信心。"①

"今日欢呼孙大圣，只缘妖雾又重来。"接班人问题仍是改革开放时代不容忽视的战略问题，今天我们的教育也要为中国的未来作人才布局，用毛泽东的话说就是："接班人的问题还是要布署一下，要准备接班人。无产阶级的革命接班人总是要在大风大浪中成长的。"如果我们党有了一大批成熟的、拥有"孙大圣"式的火眼金睛治国理政的人才，"玉宇澄清万里埃"的事情就好办了。

---

① 《梁家河》编写组：《梁家河》，晓山编著：《阅读夯实政治本领》，东方出版社 2020 年版，第 328 页。

任重道远:

《水调歌头·重上井冈山》《念奴娇·井冈山》《七律·有所思》

　　1956 年中国进入社会主义建设时期，其间毛泽东对中国社会主义制度进行了深入探索。他总结历史经验，知道中国共产党执政的基础不能基于资本财团——这是蒋介石走过且失败的道路，而应该基于工农联盟——这是以毛泽东同志为核心的党的领导集体经过实践已经证明并获得巨大成就的道路。工农联盟的基础是国家和集体所有制，这是社会主义所有制的基础部分。没有它，人民就不能保住手中的生产资料，而失去了生产资料，人民就会转化为如毛泽东在《湖南农民运动考察报告》一文中形容的"上无片瓦，下无插针之地"[1] 的贫民和流民，这样党的执政基础也就名存实亡。建立在流民基础上的国家政权，就会像目前中东一些国家那样，一遇外来压力即刻崩溃。1927 年 12 月，毛泽东在《中国佃农生活举例》一文中说，"中国佃农比世界上无论何国之佃农为苦，而许多佃农被挤离开土地"是中国"兵匪游民"产生的真正原因[2]，而农民集体所有制则是保障农民基本生活条件和控制脱离土地的农业人口"流量"的重要杠杆。鉴于这样的历史经验，毛泽东说："我们国家的基础，就在工人、贫农、下中农身上。"[3]

　　1959 年 12 月，毛泽东在组织讨论苏联《政治经济学教科书》时

---

[1]　"贫农们不怕失掉什么。他们中间有很多人确实是'上无片瓦，下无插针之地'"。毛泽东:《湖南农民运动考察报告》，《毛泽东选集》第 1 卷，人民出版社 1991 年版，第 20 页。

[2]　中共中央文献研究室编：《毛泽东年谱（1893—1949）》上卷，中央文献出版社 2013 年版，第 188 页。

[3]　中共中央文献研究室编：《毛泽东年谱（1949—1976）》第 3 卷，中央文献出版社 2013 年版，第 199 页。

说，"不搞合作化，农民必然向两极分化，工农联盟就无法巩固"[1]。毛泽东在读苏联《政治经济学教科书》第 21 章时说："我很担心我们的干部子弟，他们没有生活经验和社会经验，可是架子很大，有很大的优越感。要教育他们不要靠父母，不要靠先烈，要完全靠自己。"[2] 毛泽东指出：

我们的社会主义社会，即使消灭了旧的剥削阶级，资产阶级的影响还会长期存在，阶级意识形态还会长期存在。社会主义社会的发展过程中，还有一个问题值得注意，这就是"既得利益集团"的问题。每个时期，总会有这样一部分人，保持旧制度对他们有利，用新制度代替旧制度对他们不利。他们安于已有的制度，不愿意改变这种制度。任何一种新制度的建立，总要对旧制度有所破坏，不能只有建设，没有破坏。要破坏，就会引起一部分人的抵触。[3]

失去生产资料的流民人数的增长是历史上社会动荡乃至国家衰落的根本原因。新中国成立后，同样的历史难题也摆在中国共产党人面前，毛泽东对此予以高度关注并试图用改革的方式予以解决。毛泽东明白要保证中国在国际斗争中立于不败之地，就需要占国内百分之八九十的人民而不是少数"精英"——这在古代就是贵族——

---

[1]　中共中央文献研究室编：《毛泽东年谱（1949—1976）》第 4 卷，中央文献出版社 2013 年版，第 254 页。

[2]　中共中央文献研究室编：《毛泽东年谱（1949—1976）》第 4 卷，中央文献出版社 2013 年版，第 261 页。

[3]　中共中央文献研究室编：《毛泽东年谱（1949—1976）》第 4 卷，中央文献出版社 2013 年版，第 267—268 页。

的支持。但人民，一定是有组织的人群，而能够组织起人民并形成支持国家的力量的并不主要来自物质条件，也不主要来自简单的"惠民"施舍，而是来自实实在在的公共占有的生产资料所有制。反之，劳动人民一旦失去生产资料公有制和由此产生的人民生产主导的市场条件，其身份则会立即转变为流民。

国家要组织农民，就需要改革旧的农业制度，这牵扯到改革方向。但是，在社会主义国家改革是有底线的。这一底线是马克思主义的基本原则，也是毛泽东在新中国成立后思考最多的战略，即社会主义国家的基础和夺取政权后的共产党依靠的阶级基础问题。

关于此，毛泽东早在 1927 年《湖南农民运动考察报告》一文中已有论述："乡村中一向苦战奋斗的主要力量是贫农。从秘密时期到公开时期，贫农都在那里积极奋斗。他们最听共产党的领导。他们和土豪劣绅是死对头，他们毫不迟疑地向土豪劣绅营垒进攻。"[1]基于对中国社会的阶级力量的科学分析，毛泽东找到贫农是共产党在农村的阶级基础的核心部分。1948 年 4 月 1 日，毛泽东在晋绥干部会议上提出："依靠贫农，团结中农，有步骤地、有分别地消灭封建剥削制度，发展农业生产。土地改革所依靠的基本力量，只能和必须是贫农。"毛泽东认为这就是我党必须长期坚持的"土地改革的总路线"。[2]1948 年 12 月 30 日，毛泽东在《将革命进行到底》的文章中明确提出即将出现的新中国将是"无产阶级领导的以工农联盟为主

---

[1]　毛泽东:《湖南农民运动考察报告》(1927 年 3 月),《毛泽东选集》第 1 卷, 人民出版社 1991 年版, 第 20 页。

[2]　毛泽东:《在晋绥干部会议上的讲话》(1948 年 4 月 1 日),《毛泽东选集》第 4 卷, 人民出版社 1991 年版, 第 1314 页。

体的人民民主专政的共和国"①。此后，毛泽东始终将"依靠贫农，团结中农"及在此基础上的"工农联盟"，作为共产党执政必须长期依靠、坚持和维护的阶级基础。

古今历代政治家在这方面总是捉襟见肘，无能为力；殷鉴不远，明朝万历年间的张居正南辕北辙的改革和现代中国蒋介石政权的农村改革都造成流民大增，导致国家迅速走向崩溃，这样的教训使毛泽东尤其注意研究明朝农民问题。

明末外患内忧的形势迫使明王朝利用北方战事稍缓的间歇期起用张居正进行政治经济改革。明穆宗在位的时候，张居正因"才能出众"得到穆宗的信任。明穆宗隆庆六年（1572 年），张居正得到大太监冯保与万历帝之母李太后的支持，取代了高拱。穆宗死前遗命张居正等三大臣辅政。穆宗死后，太子朱翊钧即位，即明神宗万历皇帝。张居正在万历年间连续 10 年担任内阁首辅（宰相）。为了挽救明朝统治的危机，他从军事、政治，特别是经济等方面进行改革，试图扭转嘉靖、隆庆以来政治腐败、边防松弛和民穷财竭的危局。改革——除其严重的负面作用外——起了相当的积极作用，"赋以时输，国藏日益充"②，国家财政收入增加，边境安宁，万历初年明朝一度有了中兴的景象。万历十年（1582 年），张居正病死，一些改革的反对派重新聚集，指责张居正改革"务为烦碎"，清丈土地是"增税害民"，实行"一条鞭法"是乱了"祖制"。他们撤销了张居

---

① 毛泽东：《将革命进行到底》（1948 年 12 月 30 日），《毛泽东选集》第 4 卷，人民出版社 1991 年版，第 1375 页。

② 《明史》卷二百十三《张居正传》，参见许嘉璐主编：《二十四史全译·明史》第 7 册，汉语大词典出版社 2004 年版，第 4316 页。

正死后特加的官爵和封号，进而查抄其家产。张居正的改革失败。

与汉、宋两朝的王莽、王安石的改革相比，张居正的改革还是比较幸运的，他的改革适逢中原气温和北边湿润度的上升时期，这为张居正改革提供了较好的自然环境，也使其改革避免了与国家双双败落的"王莽式"[①]结局。

史书称张居正"通识时变，勇于任事。神宗初政，起衰振隳，不可不谓干济才"[②]，但改革毕竟还是失败了，此后明祚已近尾声。

关于张居正改革的正面意义，史家论述较多，其负面后果，则多是些"功高震主"[③]之类的泛论，也有人认为他败于财税改革[④]。笔者认为导致张居正改革失败从而明朝衰落的关键点不是财税改革，而是以财税改革为起点的金融改革：将已与生产资料形成稳定结合关系的农民转绑在货币上，用与货币的关系取代农民与国家的关系，这是张居正改革失败的致命原因。据书载：神宗万历九年（1581年），张居正又在丈量土地的基础上，把嘉靖初年已在福建、江浙等地施行的一条鞭法，推广到全国范围内实施。实施一条鞭法的目的是均平赋役，它的主要内容是把原来按照户、丁派役的办法改为按照丁、粮派役，或丁六粮四，或粮六丁四，或丁粮各半，然后再与夏秋两税和其他杂税合编为一条，无论税粮、差役一律改为征银，

---

① 这里的"王莽式"指"王莽登基后，中国气候进一步转冷，并在其后的30年中成为秦汉时期最寒冷的阶段。其中东中部地区冬半年平均气温约比现今低0.4℃，比汉初最暖的30年低了1.6℃，自然灾害进一步加剧，以致'谷稼鲜耗，百姓苦饥'，社会经济系统濒临崩溃。"葛全胜等：《中国历朝气候变化》，科学出版社2011年版，第204页。

② 《明史》卷二百三十三《张居正传》，参见许嘉璐主编：《二十四史全译·明史》第7册，汉语大词典出版社2004年版，第4321页。

③ 《明史》说张居正："威柄之操，几于震主，卒致祸发身后。"参见许嘉璐主编：《二十四史全译·明史》第7册，汉语大词典出版社2004年版，第4321页。

④ 参阅黄仁宇：《十六世纪明代中国之财政税收》，生活·读书·新知三联书店2001年版。

差役俱由政府用银雇人充当。①

　　以土地为中介的农民与国家的直接关系转变为以货币为中介的国家与农民的间接关系，国家和农民同时只对货币负责，这样的好处在"客观上促进了明中叶后商品货币经济的继续发展，也说明农民对封建国家的人身依附关系比以前又有一定的松弛了"②，用现在一些人的话说就是打破了所谓"国家垄断体制"，进一步扩大民间融资平台，但问题是，在中国资本主义工业没有或尚未充分形成之前，将分散无组织的小农与国家分离并转交给手握大量货币、以放息为生的高利贷者，就无异于将农民交给吸血魔鬼。因为在一条鞭法的改革中，"小生产者需要货币，却首先是为了支付（对地主和国家交纳的实物租和实物贡赋转化为货币租和货币税，在这里具有重要的作用）"③，而不主要是为了生产；土地所有者"由于特殊的或急迫的需要，而一时又别无有效办法来获得急需的货币时，只有把土地卖掉，以换取货币"④；而"高利贷者除了货币需要者的负担能力或抵抗能力外，再也不知道别的限制"⑤。中世纪欧洲受高利贷祸害至深⑥，身为犹太人的马克思对此也有更深刻的研究，他说："商人资本和生息

① 翦伯赞主编：《中国史纲要》第 3 册，人民出版社 1979 年版，第 196 页。

② 翦伯赞主编：《中国史纲要》第 3 册，人民出版社 1979 年版，第 197 页。

③ 马克思：《资本论》第 3 卷，人民出版社 1975 年版，第 676 页。

④ 傅筑夫：《中国古代经济史概论》，中国社会科学出版社 1981 年版，第 57 页。

⑤ 马克思：《资本论》第 3 卷，人民出版社 1975 年版，第 677 页。

⑥ 在查理大帝时代，收取 100% 的利息，被认为是高利贷。1344 年，在博登湖畔的琳道，本地市民收取 216 又 2/3% 的利息。在苏黎世，评议会规定 43 又 1/3% 为法定利息。在意大利，有时必须支付 40% 的利息，虽然从 12 世纪到 14 世纪，普通的利息率不超过 20%。维罗那规定 12 又 1/2% 为法定利息。弗里德里希二世皇帝规定 10% 的利息率，但只是给犹太人规定的。他是不屑替基督徒说话的。早在 13 世纪，10% 已经是德国莱茵区的普通利息率了。转引自马克思：《资本论》第 3 卷，人民出版社 1975 年版，第 675—676 页。

资本是最古老的资本形式。"① "高利贷不改变生产方式，而是像寄生虫那样紧紧地吸在它身上，使它虚弱不堪。高利贷吮吸着它的脂膏，使它精疲力竭，并迫使再生产在每况愈下的条件下进行。"② "对小农民来说，只要死一头母牛，他就不能按照原有的规模来重新开始他的再生产，这样，他就坠入高利贷者的摆布之中，而一旦落到这种地步，他就永远不能翻身。"③

张居正改革与其说解放了农民，不如说解放了长期在重农抑商政策中受到压制的金融力量。让金融摆脱对社会生产的依赖并反客为主，金融就会成为奴役农民和瓦解国家的力量。张居正用于"解放"农民的货币并不是近代工业资本而是比工业资本更古老的"商业资本"退而"生息资本"，由此可以解释，被货币"解放"出来的中国农民并没有像中世纪英国圈地运动后的农民那样转为产业工人，中国也没有像英国那样走上资本主义工业革命的道路。傅筑夫先生在《中国封建社会经济史》中指出："社会上存在有大量游资，它本身又要求'无息币'，'财币欲其行如流水'，而社会上却又没有足够多和足够大的生产部门来吸收这些游资，使之转化为产业资本，从而促进资本主义因素的增长。这时社会的主要生产部门是农业，土地则是最主要的生产手段。社会上既然没有其他更有利的投资场所，便只有购买土地来使货币发挥资本的机能，使土地成为生息手段。"④ "土地不仅可以生息，而且是财富最稳妥的一种存在形态，社

---

① 马克思：《资本论》第 3 卷，人民出版社 1975 年版，第 688 页。

② 马克思：《资本论》第 3 卷，人民出版社 1975 年版，第 674—675 页。

③ 马克思：《资本论》第 3 卷，人民出版社 1975 年版，第 678 页。

④ 傅筑夫：《中国封建社会经济史》第 1 卷，人民出版社 1981 年版，第 32 页。

会上既然缺乏其他有利的投资场所，遂群起抢购土地。所以土地买卖的开始，同时就是土地兼并的开始。"①

生息资本需要的不是农民生产而是农民对货币的需求，需要的不是农民而是身无分文因而对货币有强烈的终生需求的流民。大量的生息资本涌入生产领域是张居正改革的恶果，是造成明朝乃至中国历史上许多王朝衰落的重要原因。钱穆先生在《中国历代政治得失》一书中总结一条鞭法时说："春秋时代的井田制，这是后代中国人理想的土地制度之范本。但即因当时贵族阶级为求便利税收制度之简化，而终于把井田制度破坏了。……自唐代两税制以下，因于种种实际困难，逼得政府只在税收制度上着眼用心，而把整顿土地制度这一重要理想放弃了。"②

傅筑夫先生在《中国封建社会经济史》中写得更明白："在流通中大量积累起来的商业资本，既没有足够发达的商品生产来与之相结合，亦即不能把商业资本转化为产业资本，而仅仅当作流通手段媒介来商品交换，作衡量价值尺度，执行一些普通的货币职能，当它的积累数量超过了一定限度，作为商品的流通手段和其他职能也都成为不必要时，这个超过部分就不得不退出流通领域，当作贮藏手段，以货币形态的财富窖藏起来。但窖藏是不能增值的，要使这种货币财富能够增值，在古代的具体历史条件支配下，生息之道只有两途，其一，是购买土地，土地是农业社会的主要生产手段，土地对于土地所有者来说，既是一种有利的生息资本，又是保障财富安全的一个稳妥的途径，故手有余资的人无不想方设法去购买尽可

---

① 傅筑夫：《中国封建社会经济史》第1卷，人民出版社1981年版，第323页。

② 钱穆：《中国历代政治得失》，生活·读书·新知三联书店2001年版，第134—135页。

能多的土地，这就形成了历史上永远无法解决的土地兼并问题，并成为一次又一次社会动乱和农民起义的总根源。"①

货币存在的前提是买者与卖者的分离，这种分离的距离越大，社会对货币的需求就越大；而社会，不管是什么形态的社会，其生产一旦依附于货币，货币持有者就可以反客为主，成为控制社会和瓦解国家的绝对力量。在张居正改革中，除了田税、徭役、商税、手工业税、海关税大部分可用银折纳外，明廷官吏的薪水、国库的开支也用银支付。这种支付方式被制度化并导致政府从提供公共服务的角色转为"政府购买公共服务"的角色，原来属于政府管理的大量工作被简政放权，断腕式地移交给社会资本（实则是手持大量货币的商人——现在叫金融家）承包，农民从为国家提供产品的劳动者转变为用自己的产品从货币商人手中换回货币的商品生产者，朝廷和农民的，甚至整个社会的信用纽带为货币所取代，"农民对封建国家的人身依附关系又有了进一步的松弛，农民生产的产品与市场的联系也更加紧密了"②。这样，手持大量货币的商人和高利贷者反客为主——这有些类似今天华尔街银行家在美国的角色——成了社会的主人。商人一旦操纵了国家，其结果自不言而喻。孟子曰："上下交征利而国危矣。"③

社会已出现巨大的裂变危险，可明朝的学者坐而论道的学风日

---

① 傅筑夫：《中国封建社会经济史》，第 2 卷，人民出版社 1982 年版，第 568 页。

② 翦伯赞主编：《中国史纲要》第 3 册，人民出版社 1979 年版，第 205 页。

③ "交征"，相互争夺。引自《孟子·梁惠王上》《孟子·尽心下》，刘俊田、林松、禹克坤译注：《四书全译》，贵州人民出版社 1988 年版，第 341 页。

益严重并使张居正改革负面恶果不能得到纠正。[1]处士横议，是宋明两代知识分子的通病。造成这种"议论误国"恶习的原因可追溯至宋朝脱离实际的教育制度[2]，元代大学者袁桷[3]说："自宋末年尊朱熹之学，唇腐舌弊，止于四书之注。凡刑狱簿书、金穀户口、靡密出入，皆以为俗吏而争鄙弃。清谈危坐，卒至国亡而莫可救。"[4]钱穆先生更是痛陈："学问空疏，遂为明代士人与官僚之通病。掌握独裁权的皇帝，往往深居渊默，对朝廷事不闻不问，举朝形成群龙无首之象，而明代风习又奖廷臣风发言事，于是以空疏之人，长叫嚣之气，而至于以议论误国。"[5]毛泽东曾批评王安石变法："无通识，并不周知社会之故，而行不适之策也。"[6]将毛泽东这个评价用在张居正身上也是合适的。

黑格尔说，一切伟大的世界历史事变和人物都出现两次。马克思补充说："第一次是作为悲剧出现，第二次是作为笑剧出现。"[7]比较而言，张居正的改革和商鞅、王莽的改革一样都解放了农民，但不同的是，后二者将农民从贵族手中解放出来后交给国家，而张居正却是将农民从国家手中解放出来后交给拥有大量货币的商人继而高利贷者。货币（这在今天叫"金融"）打倒了封建等级，这受到

① 参阅黄仁宇：《十六世纪明代中国之财政税收》第二节第二部分《理论与实践相分离》，生活·读书·新知三联书店 2001 年版，第 418—420 页。

② 钱穆评论说："是学风之陋，南宋以来已然。"钱穆著：《国史大纲》，商务印书馆 1994 年版，第 698 页。

③ 袁桷（1266—1327年）：元代学官、书院山长。字伯长，号清容居士。庆元鄞县（今属浙江）人。

④ 转引自钱穆著：《国史大纲》，商务印书馆 1994 年版，第 698 页。

⑤ 钱穆：《国史大纲》，商务印书馆 1994 年版，第 697—698 页。

⑥ 薛泽石：《听毛泽东讲史》，中央文献出版社 2003 年版，第 355 页。

⑦ 马克思：《路易·波拿巴的雾月十八日》，《马克思恩格斯选集》第 1 卷，人民出版社 1972 年版，第 603 页。

明朝农民的欢迎，但货币又建立起独立于国家和生产者之外的等级，反客为主后又将国家与农民统统踩在脚下，这使明代农民比秦汉农民更加不幸，套用托尔斯泰的话说就是：改革的红利历代都是相同的，不幸的后果却各有各的不幸。张居正改革后，明国家与农民的信用关系随着日益严重的货币短缺而更为脆弱。崇祯五年（1632年），国家与劳动者农民的货币链接几乎中断，浙江、南直隶等较富裕的八省秋季竟只能交上税银总额的 14%。[①]

崇祯长于以霹雳手段迅速清除少数位高权重的"悍虎"——这有助于他打掉了魏忠贤这只"大老虎"，却短于对严重失衡的国家进行有效调理——这让他在李自成面前一筹莫展。

张居正一条鞭法的本质，在于将国家的命运从实体移至货币之上，其结果是国家顷刻瓦解。

万历以后，西班牙银币每年输入中国达数百万之多，货币量的大规模增加，加速了社会商品和劳动力的流通，也加强了货币囤积和土地买卖的势力。明中叶，土地兼并日趋激烈，皇帝、王公、宦官大规模置地，"数量之多，超过了以前任何时代"[②]；"明朝末年，土地集中已到了空前的程度"[③]。明末大规模的土地兼并和囤积导致其他用于交易的流通货币减少，并因此产生因货币不足造成的官府与农民之间的信用断裂，其结果对官府而言，就只有镇压一途；对农民而言，除了造反，则别无出路。1925 年 12 月，毛泽东在《中国社

---

① 根据《崇祯五年十二月二十八日户部尚书毕自严奏折》提供的数据计算，转引自葛全胜等：《中国历朝气候变化》，科学出版社 2011 年版，第 567 页。

② 翦伯赞主编：《中国史纲要》第 3 册，人民出版社 1979 年版，第 186 页。

③ 翦伯赞主编：《中国史纲要》第 3 册，人民出版社 1979 年版，第 231 页。

会各阶级的分析》一文中说：

　　还有数量不小的游民无产者，为失了土地的农民和失了工作机会的手工业工人。他们是人类生活中最不安定者。他们在各地都有秘密组织，如闽粤的"三合会"，湘鄂黔蜀的"哥老会"，皖豫鲁等省的"大刀会"，直隶及东三省的"在理会"，上海等处的"青帮"，都曾是他们的政治和经济斗争的互助团体。处置这一批人，是中国的困难的问题之一。这一批人很能勇敢奋斗，但有破坏性，如引导得法，可以变成一种革命力量。①

　　大凡改革者，都有一种"天变不足畏，祖宗不足法，人言不足恤"②的担当精神，但这种精神一旦与脱离实际的"戈尔巴乔夫"式的无知结合，其结果是很可怕的。张居正改革导致明末农民无钱交税抵租被迫求助利息竟达 1—5 倍的高利贷③，农民因此很快失地并转为流民。大规模的流民出现并步入造反大军是张居正改革的最直接的恶果，也是此后明朝迅速转入结构性不可逆衰落的根本原因。16 世纪末，即张居正改革后不久，全国起义暴动已成星火燎原之势。1588 年（万历十六年），在今安徽、江西、湖北交界爆发刘汝国领导的上万农民起义；1589 年李园朗、王子龙在广东始兴、翁源一带起义；1599 年、1604 年、1606 年、1622 年（天启二年）浙江、福

---

① 毛泽东：《中国社会各阶级的分析》（1925 年 12 月 1 日），《毛泽东选集》第 1 卷，人民出版社 1991 年版，第 8—9 页。

② ［元］脱脱：《宋史》卷三百二十七《列卷第八十六·王安石》，中华书局 1977 年版，第 10550 页。

③ 翦伯赞主编：《中国史纲要》第 3 册，人民出版社 1979 年版，第 187 页。

建、南京、山东均有大规模的暴动。1627 年（天启七年），陕北澄县饥民暴动，由此拉开了有李自成参加和领导并于 17 年后推翻明王朝的农民大起义的序幕。①

崇祯十年（1637 年），杨嗣昌在《敬陈安内第一要务疏》一文中用"星星之火"来描述方兴未艾的农民起义，称当时的破产农民"逃溃转多，饥馑荐臻，胁从弥众，星星之火，至今十九年。分之一股，各称十数万；合之股股，不啻百余万。而黄河以南，大江以北，东连庐、凤，西尽汉、延，幅员数千里之间，一任往来飘忽，生灵百亿万之命，尽遭屠戮伤残"②。此前 8 年即 1629 年，明陕西户部侍郎南居益在上疏中用"燎原之势"形容农民运动对明王朝产生的冲击，称"九边要害，半在关中"，"皆缘饥军数数鼓譟城中，亡命之徒揭竿相向，数载以来，养成燎原之势"③。

有趣且有比较意义的是 20 世纪 30 年代的中国形势及新中国成立后毛泽东解决农民问题的方法。1930 年年初，毛泽东著文《星星之火，可以燎原》，显然他当时也感受到与明末时同样的问题：国民党的垮台就是 20 世纪 30 年代农民解体的结果。为了发展就必须大量引进外资，"依靠外国输血"导致农业过早商品化，这造成农民大量破产。可以说，那时中国革命的"星星之火"主要是蒋介石点燃的，而外资更是火上浇油。这与明万历年间张居正的改革结果几乎如出一辙。从 20 世纪 30 年代土地革命战争中走过来的毛泽东对

---

① 这些起义详情可参阅朱绍侯主编：《中国古代史》下册第六节《明末农民战争》，福建人民出版社 1982 年版，第 188—215 页。

② ［明］杨嗣昌撰、梁颂成辑校：《杨嗣昌集》卷一，岳麓书社 2008 年版，第 209 页。

③ ［清］计六奇：《明季北略》卷五《南居益请发军饷》，中华书局 1984 年版，第 104 页。

此体会最深，他特别注意总结中国历代王朝特别是明朝张居正改革在农民问题上失策的教训。1944 年 3 月，毛泽东阅读了由陕甘宁边区政府副主席李鼎铭先生带到延安的李健侯所著《永昌演义》，此书所涉的明末农民问题引起毛泽东很大的兴趣。4 月 29 日，毛泽东给李鼎铭先生写了一封亲笔信："近日鄙人阅读一过，获益良多。并已抄存一部，以为将来之用。"①《明季北略》是记载明万历至崇祯时期北方地区史实的史书，全书共 24 卷，起自万历二十三年（1595 年）——此时张居正改革刚刚结束——清太祖努尔哈赤兴起于东北，止于崇祯十七年（1644 年）吴三桂引清兵入关。在延安时期，毛泽东就注意到这本书的内容，1944 年 7 月 28 日毛泽东致信谢觉哉："明季南北略及其他明代杂史我处均无，范文澜同志处或可找得，你可去问讯看。"②新中国成立后毛泽东下功夫最大的也是农民问题，他着力探索的是如何避免重蹈明末覆辙，防止农民变为流民。

1965 年 5 月 25 日，在回应汪东兴"我们国家谁走资本主义道路，全党全国都不会答应"的话时，毛泽东说：

事情不是那么简单，人家资本主义制度发展了几百年，比社会主义制度成熟得多，但中国走资本主义道路走不通。中国的人口多、民族多，封建社会历史长，地域发展不平衡，近代又被帝国主义弱肉强食，搞得民不聊生，实际四分五裂。我们这样的条件搞资本主

---

① 中共中央文献研究室编：《毛泽东年谱（1893—1949）》中卷，中央文献出版社 2013 年版，第 509 页。

② 中共中央文献研究室编：《毛泽东年谱（1893—1949）》中卷，中央文献出版社 2013 年版，第 532 页。

义，只能是别人的附庸。帝国主义在能源、资金许多方面都有优势，美国对西欧资本主义国家既合作又排挤，怎么可能让落后的中国独立发展，后来居上？过去中国走资本主义道路走不通，今天走资本主义道路，我看还是走不通。要走，我们就要牺牲劳动人民的根本利益，这就违背了共产党的宗旨和井冈山的追求。国内的阶级矛盾、民族矛盾都会激化，搞不好，还会被敌人所利用。四分五裂，危险得很。印度不是分裂了吗？①

毛泽东这时关心的不是改革而是改革结果。毛泽东将农民的组织化而不是分散化作为检验中国农业改革成败的标准。在当时组织农民只有社会主义合作化一途。1959 年 7 月 29 日，针对国内外关于"人民公社究竟会不会垮台"的质疑，毛泽东说：

如果要垮的话，有哪些足以使它垮掉的因素；如果不垮的话，又是因为什么。不合历史要求的东西，一定垮掉，人为地维持不垮是不可能的。合乎历史要求的东西，一定垮不了，人为地解散也是办不到的。这是历史唯物主义的大道理。②

那么，什么是中国的"历史唯物主义的大道理"呢？这就是中国的国情。1958 年 4 月 2 日，毛泽东对来访的外国友人总结中国为什么要走社会主义道路的经验时说：

---

① 马社香：《前奏：毛泽东 1965 年重上井冈山》，当代中国出版社 2006 年版，第 173 页。
② 中共中央文献研究室编：《毛泽东年谱（1949—1976）》第 4 卷，中央文献出版社 2013 年版，第 124 页。

旧中国一是农民每户平均土地少，二是大部分土地不在农民手里。这是个落后现象。可是这点也给我们一个好处，农民成为革命的一个很大的动力，要求反帝、反封建。把这些东西推翻后，分配了土地，但一看，农民土地还是很少，生活还是很困难，唯一的出路就是组织起来，搞社会主义。①

1964年9月3日，毛泽东在与日本共产党中央总书记座谈时说：

没有群众基础，政权也是可以建立的，中国的封建制度可以维持一二千年，就是因为农民是分散的。蒋介石没有多少群众拥护他，也统治了二十多年。所以人民要团结起来，战胜统治阶级并不容易。②

列宁说："幻想出种种工人联合组织来建设社会主义，是一回事；学会实际建设社会主义而使所有小农都能参加这项建设，又是一回事。"③现在回头看来，毛泽东那一代共产党人遵循"历史唯物主义的大道理"，选择社会主义所有制——而不是以其他"言不及义"的"普惠"政策——为突破口团结和组织人民，将外部压力转化为人民支持国家动力的治国经验，今天依然需要认真领会和学习。

毛泽东对新中国社会主义建设的重要贡献，是将社会主义所有制

---

① 中共中央文献研究室编：《毛泽东年谱（1949—1976）》第3卷，中央文献出版社2013年版，第334—335页。

② 中共中央文献研究室编：《毛泽东年谱（1949—1976）》第5卷，中央文献出版社2013年版，第408页。

③ 列宁：《论合作制》，《列宁选集》第4卷，人民出版社1972年版，第682页。

改造的成果与建立其上的中国发展与工农联盟，而不是与资本联盟。

中国的国家所有制和集体所有制是中国工农联盟的基础。农民两极分化自古都是流民大规模产生的原因。农民适度地脱离土地，可以为城市工业提供劳动力后备军，而农民过度地与土地分离，其中产生的庞大的流民队伍就会成为瓦解国家的力量。只有发展、壮大和不断巩固集体所有制形式，才能使城乡间的人口形成双向平衡流动。只有农民工的生活在城乡之间来回都有可靠即制度性的保障时，社会才能稳定，城市商品住房经营才能成为兼顾资本与消费者利益平衡的即社会主义的商品经营。而能保证进城务工人员自愿回流农村的因素，在现阶段不仅仅是家庭土地承包权，更是保证农民土地权利的农村集体所有制和保障城市工人权利的国家所有制。没有社会主义公有制，就不会有稳定的工农联盟，从而就没有社会主义国家的政治基础和政治稳定。毛泽东早就注意到这一点并指出解决问题的方法，他在阅读苏联《政治经济学教科书》时批注：

现在我们都不算土地的价值，土地是最基本的生产资料，经济学家们最好能算算土地的价值。[1]

在社会主义工业化过程中，随着农业机械化的发展，农业人口会减少。如果让减少下来的农业人口，都拥到城市里来，使城市人口过分膨胀，那就不好。从现在起，我们就要注意这个问题。要防止这一点，就要使农村的生活水平和城市的生活水平大致一样，或者还好一些。有了公社，这个问题就可能得到解决。每个公社将来

---

[1] 中共中央文献研究室编：《毛泽东年谱（1949—1976）》第4卷，中央文献出版社2013年版，第299—300页。

都要有经济中心，要按照统一计划，大办工业，使农民就地成为工人。公社要有高等学校，培养自己所需要的高级知识分子。做到了这一些，农村的人口就不会再向城市盲目流动。[①]

值得注意的是，在没有充分就业保障的前提下，用"城市户口""城市房产权"使进城农民与生产资料所有权进而与集体所有制相分离，这些流入城市的人口如不能在城市获得稳定和可持续的就业保障而又在农村"无立锥之地"的话，当年他们养不起耕地的困境就会迅速转化为养不起用地权换来的房权的困境。在这样的情况下，他们今天卖掉房子的速度比当年卖掉土地（经营权）的速度要快得多。城市中的天价商品房反过来又会使已涌入城市却又不能再回到农村的"市民"陷入困境，这会对社会稳定造成危害。

历史往往有惊人的相似之处。100多年前，恩格斯同样面临并研究过这个问题。他在1887年1月10日为《论住宅问题》一书第2版序言中写道："当一个古老的文明国家这样从工场手工业和小生产向大工业过渡，并且这个过渡还由于情况极其顺利而加速的时期，多半也就是'住宅缺乏'的时期。一方面，大批农村工人突然被吸引到发展为工业中心的大城市里来；另一方面，这些旧城市的布局已经不适合新的大工业的条件和与此相应的交通；街道在加宽，新的街道在开辟，铁路铺到市里。正当工人成群涌入城市的时候，工人住宅却在大批拆除。于是就突然出现了工人以及以工人为主顾的

---

① 中共中央文献研究室编：《毛泽东年谱（1949—1976）》第4卷，中央文献出版社2013年版，第260页。

小商人和小手工业者的住宅缺乏现象。"[①]

　　恩格斯接着指出，解决这个问题的出路在于建立起无产阶级国家政权后消灭城乡差别。现在我们已经建立了社会主义国家，但我们仍处于社会主义初级阶段，城乡差别还将长期存在。由此产生于资本主义条件下的一些负面因素，如果控制不好也同样会产生对社会主义国家不利的后果。那么，上述住宅问题的不利后果是什么？恩格斯以德国为例指出：

　　农村家庭工业和工场手工业被机器和工厂生产所消灭，在德国就意味着千百万农村生产者的生计被断绝，几乎一半德国小农被剥夺，不只是家庭工业转化为工厂生产，而且是农民经济转化为资本主义的大农业和小地产转化为领主的大农场——也就是意味着一场牺牲农民而有利于资本和大地产的工业和农业革命。如果德国注定连这个变革也要在旧的社会条件下完成，那么这样的变革毫无疑问会成为一个转折点。如果那时其他任何一国的工人阶级都还没有首先发动，那么德国一定会开始攻击，而形成"光荣战斗军"的农民子弟一定会给予英勇援助。

　　这样，资产阶级的和小资产阶级的空想——给每个工人一幢归他所有的小屋子，从而以半封建的方式把他束缚在他的资本家那里——现在就变成完全另一个样子了。实现这种空想，就是把一切小的农村房主变成工业的家庭工人，结束那些被卷入"社会旋涡"的小农的旧日的闭塞状况以及由此产生的政治上极其低下的状况；

––––––––––––––

① 恩格斯：《论住宅问题》，《马克思恩格斯选集》第 2 卷，人民出版社 1972 年版，第 459 页。

就是使工业革命推广到农业地区，从而把居民中最不活跃、最保守的阶级变成革命的苗圃，这一切的结果，就是从事家庭工业的农民被机器剥夺，被强迫走上起义的道路。[①]

可以说，恩格斯所指出的现象是现代国家——不管其性质如何——在社会转型中很难避免的。

当时恩格斯提出根本解决这一问题的方案是"消灭城乡对立"[②]。目前看来，资本主义国家和社会主义国家在相当的时间内都做不到这一点。但资本主义国家却用转移危机的方式将本国内部的"城乡对立"转变为外部世界的"南北对立"，以南北世界日益深刻的对立缓和了本国城乡对立及由此引发的日益严重的阶级对立。但这条道路对后发国家，尤其是后来的社会主义国家来说已不可重复。对于当代中国而言，我们只有依靠社会主义的制度优势来解决我们面临的"住宅短缺"及由此可能引发的政治稳定问题。

列宁曾说："任何社会制度，只有在一定阶级的财政支持下才会产生。"[③] 同样的道理，改革在任何国家都是一种有阶级属性的行为，言不及义的"改革"是要不得的。中国的改革要有适合中国国情的标准，这就是社会主义制度的标准，人民的标准。1957年4月25日，

---

① 恩格斯：《论住宅问题》，《马克思恩格斯选集》第 2 卷，人民出版社 1972 年版，第 468—469 页。

② "怎样解决住宅问题呢？在现代社会里，解决这个问题同解决其他一切社会问题完全一样，即靠供求关系在经济上的逐渐均衡来解决，但是这样解决之后，这个问题还会不断产生，就是说，一点也没有解决。社会革命将怎样解决这个问题呢？这不仅要以时间地点为转移，而且也同一些意义深远的问题有关，其中最重要的问题之一就是消灭城乡对立。"恩格斯：《论住宅问题》，《马克思恩格斯选集》第 2 卷，人民出版社 1972 年版，第 485 页。

③ 列宁：《论合作制》，《列宁选集》第 4 卷，人民出版社 1960 年版，第 683 页。

毛泽东在同保加利亚大使交谈中总结苏联的教训时说："建设了社会主义，丢了人民，建立了重工业，丢了人民，这是不成的。"① 同样，我们的改革若不是维护而是损害了人民的根本利益，那就是得鱼忘筌，适得其反。

此外，毛泽东也高度关注社保问题，但反对言不及义地谈社会保险，他将社会主义所有制看作最大的社会保险。1960 年 1 月 5 日，在阅读苏联《政治经济学教科书》中 "国营人身保险是劳动者在遇有不幸事故、丧失劳动能力或家庭抚养人死亡时得到物质保证的形式之一" 这句话时，毛泽东批注："公社办起来了，就保险了"②。在这里，毛泽东将社会主义制度而不是 "市场化改革" 作为人民群众人身保险的前提。1958 年 5 月 13 日，毛泽东在修改党的八届二次会议的报告时特意加写这样的警示："农民同盟军问题的极端重要性，革命时期是这样，建设时期仍然是这样。无论在什么时候，政治上犯错误，总是同这个问题相关联的。"③ 5 月 17 日，毛泽东在党的八届二次会议上再次强调："还是一个农民同盟军的问题。工人阶级没有农民这个同盟军，革命不能成功，建设时期也是一样，没有这个同盟军不能建设成强大的国家。中国的问题始终是农民同盟军的问题。有些同志不懂得，甚至在农村混了几十年也不清楚。"④

---

① 中共中央文献研究室编：《毛泽东年谱（1949—1976）》第 3 卷，中央文献出版社 2013 年版，第 138 页。

② 中共中央文献研究室编：《毛泽东年谱（1949—1976）》第 4 卷，中央文献出版社 2013 年版，第 301 页。

③ 中共中央文献研究室编：《毛泽东年谱（1949—1976）》第 3 卷，中央文献出版社 2013 年版，第 348 页。

④ 中共中央文献研究室编：《毛泽东年谱（1949—1976）》第 3 卷，中央文献出版社 2013 年版，第 350—351 页。

而保证工农联盟的所有制基础是巩固和发展合作化集体经济。

历史反复表明，国家政权的政治生命周期的长短及其相应的抗压能力的强弱，与其所依靠的社会基础的大小成正比，而社会基础的大小又与其所依赖的所有制形式所容纳和解放的劳动力的广泛程度成正比。1927 年中国共产党与中国国民党之间战略能力的差距，是这一观点的有力证明。此前，国共合作开展北伐，实现中国统一，大得人心，这时蒋介石手头有近乎无限的人才和资源可供调配，北伐战场上也是捷报频传。1927 年始，他向工农开刀，转靠买办封建势力，便失去工农支持，以致在 1948 年国共两党进行大决战的关键时刻，国民党靠"发红包"和"抓壮丁"补充军事编制，但重赏之下已无勇夫；蒋介石方面更是"巧妇难为无米之炊"，而共产党方面则有源源不断且自觉参加的人力资源可随时投入战场。这为毛泽东的战略方针的顺利实施和共产党在全国战场取得胜利提供了充分的物质条件。同样，正是我们用社会主义制度而不是别的什么制度团结了全国人民，才使新中国冲破国际国内的重重恶浪，取得一个又一个胜利。为此，1958 年 5 月 18 日，毛泽东警告全党：

国内形势是和五亿农民的关系问题。农民是同盟军，不抓农民问题就没有政治，不注意五亿农民的问题，就会犯错误，有了这个同盟军，就是胜利。中国党内相当多的人，不懂得农民问题的重要性，跌跟头还是在农民问题上。[1]

---

[1] 中共中央文献研究室编：《毛泽东年谱（1949—1976）》第 3 卷，中央文献出版社 2013 年版，第 353 页。

1962年11月30日，毛泽东告诉来访的印度尼西亚共产党同志说：

农民跟着我们走了，民族资产阶级才不得不也跟着我们走。农民问题很重要，谁能解决农民问题，谁才能取得胜利。资产阶级不能解决农民问题，历史上资产阶级都不能解决农民问题。孙中山也不能解决农民问题。[①]

1965年5月22日，毛泽东乘车前往井冈山，并在山上住了8天，重温初心。5月22日，他先后到黄洋界和茨坪。在茨坪居住期间，毛泽东了解了井冈山地区水利、公路建设和人民生活，会见了老红军、烈士家属、机关干部和群众。其间，毛泽东作《水调歌头·重上井冈山》。

水调歌头·重上井冈山[②]

（1965年5月）

久有凌云志，重上井冈山。千里来寻故地，旧貌变新颜。到处莺歌燕舞，更有潺潺流水，高路入云端。过了黄洋界，险处不须看。

风雷动，旌旗奋，是人寰。三十八年过去，弹指一挥间。可上九天揽月，可下五洋捉鳖，谈笑凯歌还。世上无难事，只要肯登攀。

---

① 中共中央文献研究室编：《毛泽东年谱（1949—1976）》第5卷，中央文献出版社2013年版，第172页。

② 吴正裕主编、李捷、陈晋副主编：《毛泽东诗词全编鉴赏》，中央文献出版社2003年版，第388页。

这首词发表于 1976 年 1 月 1 日，那年 9 月 9 日毛泽东去世，其意明显①，这就是不忘初心，继续前进。1965 年 5 月，毛泽东又作《念奴娇·井冈山》：

念奴娇·井冈山②

（1965 年 5 月）

参天万木，千百里，飞上南天奇岳。故地重来何所见，多了楼台亭阁。五井碑前，黄洋界上，车子飞如跃。江山如画，古代曾云海绿。

弹指三十八年，人间变了，似天渊翻覆。犹记当时烽火里，九死一生如昨。独有豪情，天际悬明月，风雷磅礴。一声鸡唱，万怪烟消云落。

毛泽东来到井冈山，从中国历史传统中思考中国未来的道路。1965 年 4 月 29 日，在启程到井冈山之前，毛泽东在听杨成武汇报时说"我赞成走回头路，恢复到老红军的样子"③。5 月 25 日，毛泽东同汪东兴等谈话时说："我早想回井冈山看看。一别就是三十多年了。

---

① 1976 年 1 月 1 日，《诗刊》一九七六年一月号和《人民日报》《红旗》杂志一九七六年第一期，发表毛泽东一九六五年写的两首词《水调歌头·重上井冈山》和《念奴娇·鸟儿问答》。两报一刊发表经毛泽东圈阅的元旦社论《世上无难事，只要肯登攀》。社论说：发表这两首词，具有重大的政治意义和现实意义。中共中央文献研究室编：《毛泽东年谱（1949—1976）》第 6 卷，中央文献出版社 2013 年版，第 633 页。

② 吴正裕主编，李捷、陈晋副主编：《毛泽东诗词全编鉴赏》，中央文献出版社 2003 年版，第 586 页。

③ 中共中央文献研究室编：《毛泽东年谱（1949—1976）》第 5 卷，中央文献出版社 2013 年版，第 492 页。

念奴娇〔飞〕

一九六五年五月 井冈山

参天万木，千百里，飞上南天奇岳。故地重来何所见，多了楼台亭阁。五井碑前，黄洋界上，车子飞如跃。江山如画，遍地[黄]红。

大道通畅。

弹指三十八年，人间变了，似天渊翻覆。犹记当时烽火里，九死一生。独有豪情，天际悬明月，风雷磅礴。一声鸡唱，〔云〕〔天〕烟销雾落。

〔猩〕唱 〔云〕落

万

为创建这块革命根据地，不少革命先烈牺牲了自己的生命，牺牲时只有二十几岁呀！没有过去井冈山艰难的奋斗，就不可能有今天。"①

　　毛泽东的担心并不是多余的。据陪同毛泽东一同上井冈山的护士长吴旭君回忆，毛泽东告诉她："我多次提出主要问题，他们受不了，阻力很大，我的话他们可以不听，这不是为我个人，是为了将来这个国家、这个党，将来不改变颜色、走不走社会主义道路的问题。"②1967 年 4 月，毛泽东在一份文件上批示："我们不是代表剥削阶级，而是代表无产阶级和劳动人民，但如果我们不注意严格要求我们的子女，他们也会变质，可能搞资产阶级复辟，无产阶级的财产和权力就会被资产阶级夺回去。"③

　　从井冈山回来，毛泽东又开始了新的征程。有诗为证：

七律·有所思④

（1966 年 6 月）

　　　　正是神都有事时，又来南国踏芳枝。

　　　　青松怒向苍天发，败叶纷随碧水驰。

　　　　一阵风雷惊世界，满街红绿走旌旗。

　　　　凭阑静听潇潇雨，故国人民有所思。

---

① 中共中央文献研究室编：《毛泽东年谱（1949—1976）》第 5 卷，中央文献出版社 2013 年版，第 494 页。

② 马社香：《前奏：毛泽东 1965 年重上井冈山》，当代中国出版社 2006 年版，第 225—226 页。

③ 中共中央文献研究室编：《毛泽东年谱（1949—1976）》第 6 卷，中央文献出版社 2013 年版，第 73 页。

④ 吴正裕主编，李捷、陈晋副主编：《毛泽东诗词全编鉴赏》，中央文献出版社 2003 年版，第 601 页。

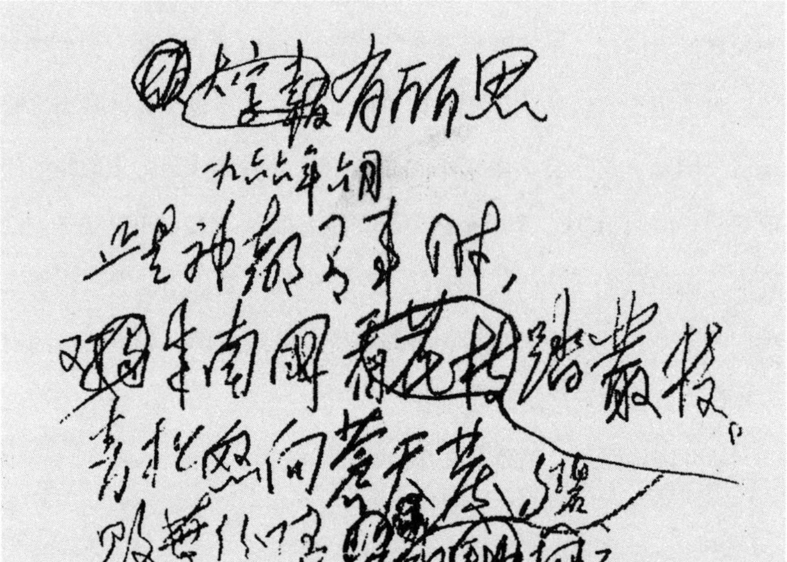

附录

"一首深奥难懂的诗"的战略解读

　　1972 年 2 月，59 岁的尼克松访华，79 岁的毛泽东在中南海卧室接见尼克松，周恩来在人民大会堂设宴欢迎。据美国作家罗斯·特里尔在《毛泽东传》中披露说毛泽东为尼克松"赠写了一首深奥难懂的诗"[1]：

老叟坐凳，

嫦娥奔月，

走马观花。[2]

---

① ［美］罗斯·特里尔著，胡为雄、郑玉臣译：《毛泽东传》，中国人民大学出版社 2006 年版，第 437 页。

② 吴直雄：《毛泽东妙用典故精粹》下，人民出版社 2009 年版，第 1291 页。

要读懂这三句话，就要知道在中美关系最低谷时的毛泽东的心情及所思所想。20 世纪 60 年代，中美关系——当然还有苏联的加压——进入"雪压冬云白絮飞，万花纷谢一时稀"的困境。此间清人严遂成写的《三垂冈》引起毛泽东内心的强烈共鸣，以至他在 1962 年和 1964 年两年内，都在他的生日前后即 12 月 22 日和 12 月 29 日两次亲自手抄《三垂冈》。

> 英雄立马起沙陀，奈此朱梁跋扈何。
>
> 只手难扶唐社稷，连城犹拥晋山河。
>
> 风云帐下奇儿在，鼓角灯前老泪多。
>
> 萧瑟三垂冈下路，至今人唱《百年歌》。①

唐末天下大乱，群雄逐鹿，李克用从代北沙陀族中崛起，一生征伐，李存勖父死子继，消灭后梁政权，统一中原，建立后唐。严遂成的这首诗，正是以李克用父子的史事为蓝本，写出了李克用父子成功的原因。

这首诗的关键在前四句，意思是：英雄崛起于沙陀族中，无奈面对朱温后梁跋扈的局面，英雄单枪匹马，已无力扶持唐朝社稷，但有城池连片的山西作大后方，就可熬过难关，等来战略形势的转机。

1962 年 12 月 22 日，毛泽东手录《三垂冈》，4 天后即 12 月 26

---

① 全诗参见［清］严遂成《三垂冈》，张秉戍、萧哲庵主编：《清诗鉴赏辞典》，重庆出版社 1992 年版，第 577 页。

日就是毛泽东生日，这天毛泽东写下《七律·冬云》。20世纪60年代毛泽东面临的也是"朱梁跋扈"即苏联共产党背叛列宁主义原则、对坚持列宁主义的中国共产党实施高压并联手美国对付中国的险恶形势。此时毛泽东的心情用"雪压冬云白絮飞，万花纷谢一时稀"形容一点也不为过。既然毛泽东"只手难扶唐社稷"，那也只好"连城犹拥晋山河"，背靠昆仑山，任他风云起，稳坐钓鱼台。

1964年6月23日，毛泽东在接见智利朋友时谈到中美关系时说："我们把美国的走狗蒋介石赶走了，把美国的势力也赶走了，所以美国对我们不那么高兴。但是，总有一天两国的关系会正常化的，我看还要十五年。"①3个月后即12月29日，毛泽东第二次手录《三垂冈》，坚信他的策略会等到美国代表来华的那一天。事实上，毛泽东只等了8年，1972年2月，尼克松来到中国②，说要与毛泽东谈"哲学"③。12月10日，也就在尼克松走后第10个月，毛泽东告诫全党："深挖洞，广积粮，不称霸。"

结合《三垂冈》的诗意，我们就不难理解毛泽东给尼克松的这三句话，其意思就是：我稳坐昆仑山，以不变应万变，随你美苏在天上飞来飞去地明争暗斗，我们可以骑驴看唱本——走着瞧！

这个理解与《三垂冈》诗中表达的策略是一样的。其中的"英

---

① 中共中央文献研究室编：《毛泽东年谱（1949—1976）》第5卷，中央文献出版社2013年版，第366页。

② 1972年尼克松访问中国，此前他最担心的是毛泽东不接见，他在工作日记中写道："我们应该很快同毛会见，并且我们不能陷入这样的境地，即当我会见他时他高高在上，好比我走上阶梯而他却站在阶梯的顶端。"[美]尼克松著，董乐山等译：《尼克松回忆录》中，世界知识出版社2001年版，第672—673页。

③ "基辛格在飞往北京途中就向乔冠华表示，他想在午后3时单独会见周恩来总理，商谈活动安排问题。尼克松则表示他要同毛泽东谈哲学问题。"林志坚主编：《新中国要事述评》，中共党史出版社1994年，第409页。

雄"是新中国,"朱梁"是美国和苏联;"唐社稷"可理解为当时处于低潮的国际共产主义运动;"晋山河",可以理解为已有三线布局的中国内地纵深。结论就是你有你的太平洋,我有我的昆仑山。我坚持"深挖洞,广积粮,不称霸",就有足够的时间等待历史转机。

1970 年 12 月 18 日,毛泽东在与埃德加·斯诺谈话时说:"尼克松要派代表来中国谈判,那是他自己提议的,有文件证明,说愿意在北京或者华盛顿当面谈,不要让我们外交部知道,也不要通过美国国务院。神秘得很,又是提出不要公开,又是说这种消息非常机密。"① 毛泽东这首诗是在告诉尼克松我们是怎样等到这一天的。

特里尔在书中说:"毛泽东后来在武汉召开的一次军人会议上说:'尼克松没理解我的意思'。"② 当然尼克松一生可能都理解不了毛泽东这首诗所表达的战略隐喻。

尼克松在回忆录中说,1972 年他来中国时,周恩来借《卜算子·咏梅》这首词帮着尼克松破题,尼克松按自己的理解将总理的话转译说:"主席在那首词里指的是,采取主动的人不一定是伸手的人。"③ 从别扭的译文看,尼克松还是没有读懂毛泽东在这首词的表达辩证法及其中的战略哲学,这就是采取主动的人,不一定都是先发制人的,而是善于等待和抓住战略时机的人。用孙子的话说就是:"故善战者,求之于势,不责于人,故能择人而任势。"④

---

① 毛泽东:《如果尼克松愿意来,我愿意和他谈》(1970 年 12 月 18 日),《毛泽东文集》第 8 卷,人民出版社 1999 年版,第 437 页。

② [美]罗斯·特里尔著,胡为雄、郑玉臣译:《毛泽东传》,中国人民大学出版社 2006 年版,第 437 页。

③ [美]尼克松著,董乐山等译:《尼克松回忆录》(中),世界知识出版社 2001 年版,第 694 页。

④ 陈曦:《孙子兵法·作战篇》,中华书局 2012 年版,第 85 页。

毛泽东一生实践的成功应验了青年毛泽东在给萧子升的信中说的那句话："图远者必有所持，成大者必有所忍。"[1]

"萧瑟三垂冈下路，至今人唱《百年歌》。"今天中美关系又到了《三垂冈》描述的那样的战略形势中，策略当然还是："老叟坐凳，嫦娥奔月，走马观花。"

---

[1] 毛泽东：《致萧子升》（1916 年 7 月 18 日），中共中央文献研究室、中共湖南省委《毛泽东早期文稿》编辑组：《毛泽东早期文稿》，湖南人民出版社 2008 年版，第 39 页。